LEKTÜRESCHLÜSSEL FÜR SCHÜLER

Willy Russell

Educating Rita

Von Bernhard Reitz

Philipp Reclam jun. Stuttgart

Dieser Lektüreschlüssel bezieht sich auf folgende Textausgabe in der Originalsprache: Willy Russell: *Educating Rita*. Hrsg. von Bernhard Reitz. Stuttgart: Reclam, 1997 [u. ö.] (Universal-Bibliothek. 9040.)

RECLAMS UNIVERSAL-BIBLIOTHEK Nr. 15389

Gesamtherstellung: Reclam, Ditzingen
Printed in Germany 2007

ISBN 978-3-15-015389-5

www.reclam.de

Inhalt

1. Erstinformation zum Werk **5**

2. Inhalt **7**

3. Personen **30**

4. Werkaufbau **37**

5. Interpretation **42**

6. Autor und Zeit **53**

7. Rezeption **60**

8. Checklist: Revision for Term Papers & Finals **66**

9. Lektüretipps/Filmempfehlung **69**

1. Erstinformation zum Werk

Willy Russells *Educating Rita* wurde am 10. Juni 1980 von der Royal Shakespeare Company in The Donmar Warehouse in London uraufgeführt. Vor dem Hintergrund autobiographischer Erfahrungen schildert Russell die Anstrengungen der 26 Jahre alten Friseuse Rita, durch einen Kurs an der »Open University« die Enge ihrer Berufswelt, ihrer Ehe und des Lebens in der Arbeiterklasse zu überwinden. Als Tutor, der sie auf das Examen an der »Open University« vorbereiten soll, wird ihr Frank zugewiesen, ein Professor für englische Literaturwissenschaft, der sich allerdings als Dichter, als akademischer Lehrer und auch in seinem Privatleben als gescheitert begreift. Um ihr Ziel, den eigenen Lebenshorizont zu erweitern, verwirklichen zu können, muss Rita sowohl die durch ihre Herkunft vorgegebenen Hindernisse wie auch die Skepsis Franks hinsichtlich ihrer Bildungsfähigkeit überwinden.

Russell schildert dies als ebenso komische wie schmerzhafte Erfahrung. Die Darstellungskonventionen der Komödie und das sozialkritische Drama in Großbritannien nach 1956 sind der Kontext, innerhalb dessen *Educating Rita* im britischen Drama des 20. Jahrhunderts zu interpretieren ist. Aber Russell begnügt sich nicht mit einer realistisch

Kontext

uraufgeführt werden: **to have its first performance**
autobiographisch: **autobiographical**
sich als gescheitert begreifen: **to consider o. s. a failure**
Darstellungskonventionen der Komödie: **the poetics of comedy**

erzählten, tragikomischen Geschichte. Sein Zwei-Personen-Stück enthält eine Fülle von für die Interpretation wichtigen literarischen Verweisen. Zu diesem gehört auch George Bernard Shaws Komödie *Pygmalion*, deren strukturelle Bedeutung als Teil der intertextuellen Dimension von *Educating Rita* noch darzustellen ist.

Wie Shaw in *Pygmalion* thematisiert auch Russell in *Educating Rita* Bildungs- und damit Klassenunterschiede, die Probleme sozialer Integration und die Suche nach Identität. Dabei wird deutlich, dass Ritas Verlangen, »[to] discover meself« (23) nicht nur für sie, sondern auch für ihren Tutor Frank eine existentielle Herausforderung bedeutet.

tragikomisch: **tragicomical**
literarische Verweise: **literary references**
intertextuell: **intertextual**
Suche nach Identität: **search for identity**

2. Inhalt

Die nachfolgenden Ausführungen zu den einzelnen Szenen zielen über eine Inhaltsangabe hinaus und vermitteln auch Informationen, die auf das 3. Kapitel sowie auf das 5. Kapitel vorbereiten.

Der Schauplatz

I,1: Für *Educating Rita* fordert Russell ein realistisches Bühnenbild in der Tradition des *well-made play*, das bis zum Schluss Schauplatz der Handlung bleibt. Es zeigt das Büro des Professors Frank, eines Literaturwissenschaftlers, der an einer »Victorian-built university in the North of England« (5,3 f.) unterrichtet. Spätere Verweise auf den von Pendlern bewohnten Vorort Formby (24,2 ff.) sowie auf die Fussballvereine Everton und Liverpool (56,2 f.) machen allerdings deutlich, dass Russells Schauplatz die 1882 gegründete University of Liverpool ist. Auf Liverpool verweist zudem Ritas Dialekt, den sie im Verlauf der Handlung allerdings weitgehend ablegt. Franks Büro ist mit zwei Schreibtischen, zwei Stühlen und Bücherregalen ausgestattet, zwischen denen ein religiös verbrämter weiblicher Akt eine Wand schmückt.

Die Handlung der ersten und längsten Szene von *Educating Rita* setzt ein mit Franks Suche nach seiner in den Bücherregalen versteckten Whiskyflasche. Zunächst vermutet er sie hinter den Texten des Lyrikers, Dramatikers

Bühnenbild: **set**
Literaturwissenschaftler: **literary scholar, professor of literature**
religiös verbrämter weiblicher Akt: **nude religious scene**

und Literaturtheoretikers T.S. Eliot, aber dann findet er sie hinter den Romanen von Charles Dickens. Russell führt Frank als einen Alkoholiker ein, der, wie auch der weitere Verlauf der Handlung zeigen wird, ohne den täglichen Whisky und den zusätzlichen Bieren im Pub seinen Alltag als Professor und seine Frustrationen als erfolgloser Dichter nicht bewältigen kann. Das Gefühl, als Dichter wie auch als akademischer Lehrer schon lange gescheitert zu sein, kann jedoch auch Franks exzessiver Alkoholkonsum nicht verdrängen, und dass er intellektuell wie emotional noch etwas zu vermitteln und zu geben vermag, daran glaubt Frank nicht mehr.

Die Exposition: Frank

In dem auf das Auffinden der Whiskyflasche folgenden Telefonat akzentuiert Russell Franks Frustrationen weiter. Anstatt sich auf das von – wie sich erst später im Dialog mit Rita herausstellt – seiner Lebensgefährtin Julia, einer seiner ehemaligen Studentinnen, aufwendig vorbereitete Abendessen zu freuen, will er nach dem noch anstehenden Treffen mit der für die »Open University« zu betreuenden Studentin lieber erst in seine Kneipe: die Lebensgefährtin und das Abendessen können warten.

Russell zeigt Frank als einen Protagonisten, der sich sozialen Kontakten willentlich verweigert, sich ausgrenzt und sich auf die Studierstube und die Kneipe zurückgenommen hat. Insofern ist er die zunächst denkbar schlech-

Literaturtheoretiker: **expert in/on literary theory**
Frustrationen: **frustrations**
Lebensgefährtin, Lebensgefährte: **companion**
aufwendig (Adv.): **extravagantly**
Studierstube: **study**

teste Bezugsperson für Rita, denn diese hat sich für ein Studium an der »Open University« eingeschrieben, weil sie die Grenzen ihres als beengend empfundenen Lebens überwinden will.

Die Exposition: Rita

Ritas erster Auftritt gestaltet sich stürmisch, lässt aber zugleich erkennen, wie sie ihre Unsicherheit zu überspielen versucht. Anstatt den ihr zugewiesenen akademischen Betreuer höflich zu grüßen, hält sie ihm spontan vor, er müsse dringend sein defektes Türschloss ölen, damit man überhaupt Zugang zu ihm finden könne. Auch mit der unverblümten Frage, ob Frank das Aktgemälde in seinem Zimmer erotisch finde, behält Rita die Initiative im Gespräch. Sie erkennt instinktiv die pornographische Darstellungsintention hinter der religösen Thematik und vergleicht das Bild mit dem sich in den achtziger Jahren aufklärerisch gerierenden, aber nur wegen der freizügigen Aktaufnahmen erfolgreichen britischen Herrenmagazin *Men Only*.

Die Szene ist nachfolgend bestimmt von den vorsichtigen Versuchen Ritas und Franks, eine Kommunikationsbasis zu finden. Gemeinsames Rauchen und Trinken (Frank akzeptiert eine von Ritas Zigaretten, sie einen Schluck Whisky), sowie das Eingeständnis, dass beide gern fluchen – alles Verhaltensweisen, die eher als für die Unterschicht typisch gelten, – erzeugen ein erstes Vertrauen. Aber wie wenig tragfähig diese Nähe noch ist, wird in der nachfolgenden Diskussion über Literatur deutlich. Aus

Bezugsperson: **person to whom s.o. relates closely**
akademischer Betreuer: **tutor**
pornographisch: **pornographic**
Unterschicht: **lower class, working class**

den vielen Büchern in Franks Regalen greift Rita zufällig E. M. Forsters *Howards End* (1910) heraus und verwechselt den Autor »Forster« unbewusst mit einer ihr bekannten, vor allem in Australien marktführenden Biermarke, »Foster's«. In ihrem Dialog häufen sich mit durchaus komischem Effekt die aus unterschiedlichen kulturellen Kontexten bedingten Missverständnisse. Als Frank auf Ritas Frage, was »Assonanz« bedeute, mit einem Beispiel aus einem Gedicht von William Butler Yeats antwortet, zeigt sich, dass Rita nicht den irischen Dichter und Literaturnobelpreisträger, sondern nur die »Yates Wine Lodges«, eine für australische Billigweine bekannte Lokalkette kennt. Die Gedichte T. S. Eliots hat sie zwar zu lesen versucht, aber nicht verstehen können.

Hochkultur und Populärkultur

Franks und Ritas Kommunikationsversuche verdeutlichen die Diskrepanzen zwischen sogenannter Hochkultur und Populärkultur. Mit den Klassikern der literarischen Epochen ist Frank als Literaturwissenschaftler bestens vertraut. Für Populärkultur hat er jedoch niemals Interesse gezeigt. Deshalb ist ihm Elliot Ness, der Anführer der »Unbestechlichen«, die Al Capone hinter Gitter brachten und deren Geschichte die seinerzeit sehr erfolgreiche Fernsehserie *The Untouchables* (1959–1963) erzählte, auch unbekannt. Ebensowenig ist ihm die amerikanische Schauspielerin Farrah Fawcett-Majors, die 1976–1977 in der Krimiserie »Drei Engel für Charlie« mit ihrer blonden Löwenmähne in

marktführend: **leading, top-selling**
Hochkultur: **high culture**
Populärkultur: **popular culture**
Löwenmähne: **lion's mane, flowing mane**

den USA wie in Europa Maßstäbe für die Haarmode setzte, ein Begriff.

Als Frank trotz dieser Missverständnisse Rita das Kompliment macht, sie sei seit Jahren der erste »frische Wind« in seiner Studierstube, ist Rita bereit, die Motive für ihre Einschreibung an der »Open University« offenzulegen. In ihrem Beruf als Friseuse begegnen Rita jeden Tag Frauen, die glauben, durch eine neue Frisur auch eine neue Identität finden zu können. Rita durchschaut diese Illusion. Sie hat erkannt, dass die Veränderung einer Persönlichkeit von innen heraus erfolgen muss.

Ritas Motive

Wie es ihrem sozialen Hintergrund, der Arbeiterklasse, entspricht, hat Rita früh geheiratet. Aber im Alter von 26 Jahren fühlt sie sich noch nicht bereit, den für ihre soziale Schicht typischen Rollenentwurf von früher Heirat, Kind (oder zumeist Kindern) und dem Traum von einem eigenen Häuschen in einer Vorstadt als die einzig erstrebenswerte Zukunftsperspektive zu akzeptieren.

Ihren Mann Denny, der ihr diesen Rollenentwurf aufzwingen will, lässt Rita in dem Glauben, sie habe die Pille abgesetzt. Tatsächlich nutzt sie jedoch den Freiraum sexueller Selbstbestimmung, den die Pille Frauen ermöglicht hat, um sich Dennys Ansprüchen zu entziehen. Sie will sich erst selbst finden, bevor sie zu einer Schwangerschaft bereit ist.

Frank reagiert auf Ritas Darstellung ihrer Lebenssituation keineswegs verständnisvoll. Anstatt sie in ihrem Streben nach Selbstfindung zu bestärken, fürchtet er sich

Einschreibung: **registration**
Rollenentwurf: **role model**
Selbstbestimmung: **self-determination**

vor dieser hoch motivierten Studentin. Deshalb beschreibt er sich als einen seiner Aufgabe nicht mehr gewachsenen, miserablen akademischen Lehrer, der zudem keine Studentin erst am Abend, wenn die Pubs schon offen sind, unterrichten will. Seinen Vorschlag, sie an einen anderen Tutor zu vermitteln, weist Rita jedoch zurück: In ihrer Welt ist sie mit ihrem Wunsch nach Selbstfindung ein »freak«, eine Außenseiterin. In Frank, dessen ungepflegte Haare ihn wie einen »geriatric hippie« aussehen lassen, der nur noch seine Frustrationen auslebt, erkennt Rita intuitiv ebenfalls einen Außenseiter, und dies ist für sie Grund genug, sich ihm auch gegen seinen Widerstand anzuvertrauen. Deshalb wird sie wie in ihrem Studienplan vorgesehen jede Woche bei Frank zu einem Tutorial erscheinen.

Ritas Bildungshintergrund

I,2: Die Szene beginnt damit, dass Frank sich nicht sicher ist, ob Rita tatsächlich kommen wird, und etwas verblüfft reagiert er darauf, wie sich die Türklinke bewegt, aber niemand eintritt. Als er die Tür öffnet, steht Rita vor ihm, die gerade dabei ist, das Schloss zu ölen. Wie in der ersten Szene scheint Rita das Geschehen zu dominieren. Aber als Frank sie über ihren Bildungshintergrund befragt, wird deutlich, wie unsicher Rita noch ist. Zwar hatten ihre Lehrer in einer von Gewalt anstatt Lernbereitschaft geprägten Schule versucht, die Schüler zu einer weiterführenden Ausbildung zu motivieren. Aber diesem Ziel stand der Druck

Wunsch nach Selbstfindung: **desire to find o.s.**
Studienplan: **curriculum**
Bildungshintergrund: **educational background**

des sozialen Umfelds der Schülerinnen und Schüler entgegen. Individualität war dort nicht gefragt, sondern Konformität bestimmte das Verhalten innerhalb der Gruppe. Rita hat sich diesem Druck zunächst gebeugt, obwohl sie irgendwann intuitiv zu fühlen begann, dass die neuesten Hits, ein neues Kleid und ein neuer Freund für ein erfülltes Leben vielleicht doch nicht genug sind.

Für das Publikum offenbart Ritas Schilderung ihres Bildungshintergrunds und ihrer Zeit als Heranwachsende, weshalb sie akademischen Ansprüchen an die Auslegung literarischer Texte noch nicht gerecht werden kann. Zu Rita Mae Browns Roman *Rubyfruit Jungle* (1973), der in komischer und freizügiger Weise den Bildungsweg und die ersten sexuellen Erfahrungen einer lesbischen jungen Amerikanerin schildert, hat Rita eine sehr subjektive, auf keinen literaturwissenschaftlichen Kriterien basierende Interpretation geschrieben, die allenfalls erklären kann, warum Susan White (das ist Ritas wirklicher Name) ihren Vornamen in den der von ihr verehrten Autorin geändert hat. Mit E. M. Forsters *Howards End* kann sie dagegen nichts anfangen: Sie hält den Klassiker der Moderne für »Scheiße«, und dessen Motto »only connect« für den Appell eines frustrierten Elektrikers.

Über Literatur können Rita und Frank in der zweiten Szene noch nicht auf einer gemeinsamen Basis kommunizieren. Aber nicht nur Rita offenbart in der zweiten Szene ihre Vorgeschichte. Auf Ritas Drängen hin erzählt Frank, warum sich seine Frau von ihm getrennt hat und warum

soziales Umfeld: **societal surroundings**
Heranwachsende(r): **adolescent**
Klassiker der Moderne: **modern classic**

er jetzt mit einer ehemaligen Studentin zusammenlebt. Seinen spontanen Vorschlag, mit Rita aus beider bisherigen Leben wegzulaufen, verbunden mit seinem Eingeständnis, dass Rita ihm zwanzig Jahre früher hätte begegnen sollen, kann Rita jedoch nicht ernst nehmen.

Literaturwissenschaftliche Maßstäbe

I,3: In dieser kurzen Szene zeigt sich, dass Rita bei ihrem ersten Versuch, E.M. Forster nach Franks Maßstäben literaturwissenschaftlich gerecht zu werden, noch keine Fortschritte gemacht hat. Denn anstatt sich wie eingefordert mit *Howards End* auseinanderzusetzen, hat sie einen Essay geschrieben, der vor allem von Harold Robbins' Roman *A Stone For Danny Fisher* (1951) handelt. Robbins (1916–1997) war ein kommerziell außergewöhnlich erfolgreicher »pulp fiction«-Autor, der sich gern damit brüstete, dass seine mehr als 20 Romane über 750 Millionen Mal verkauft wurden.

Frank ist sich mangels seiner Kenntnis der Populärkultur allerdings nicht bewusst, dass *A Stone For Danny Fisher* (die Geschichte eines Heranwachsenden in New York zur Zeit der Weltwirtschaftskrise) als Robbins' literarisch bedeutendstes Werk gilt. Rita hat diesen Roman als Bezugspunkt gewählt, weil sie die Geschichte des jungen Boxers von ihrer eigenen Biographie her verstehen kann. Natürlich weiß Frank auch nicht, dass *A Stone For Danny Fisher* 1958 die Vorlage für das Musical *King Creole* war, das mit Elvis Presley in der Hauptrolle zu einem Welterfolg wurde.

Weltwirtschaftskrise: **world economic crisis**
Bezugspunkt: **point of reference**

Aus Franks Kritik kann Rita nur folgern, dass sie in Zukunft Robbins und vergleichbare Autoren nicht mehr lesen soll. Dies will ihr Frank zwar nicht explizit verweigern. Mit seinem Ratschlag, Rita könne Robbins zwar lesen, sollte ihn in akademischen Kontexten aber besser nicht erwähnen, wird jedoch deutlich, wie nachhaltig seine Wertmaßstäbe von tradierten Vorstellungen über ›anspruchsvolle‹ Literatur geprägt sind.

I,4: Noch immer versucht Rita vergeblich, sich in *Howards End* einzulesen. Aber auch ihr nächster ›Essay‹ ist für Frank noch nicht akzeptabel. Denn die Frage, wie man den Inszenierungsproblemen von Henrik Ibsens Versdrama *Peer Gynt* (1876) gerecht werden könne, hat Rita mit einem einzigen Satz beantwortet: man solle das Stück als Hörspiel aufführen. Durchaus geduldig erklärt Frank, dass ein Essay nicht aus einem Satz bestehen könne und jede These einer Begründung bedürfe. Rita kommt seiner Aufforderung nach, ihre These sofort in Franks Büro auszuarbeiten. Aber während sie ihre Argumente überlegt, verwickelt sie Frank in ein Gespräch über die Bedeutung kulturellen Wissens. Frank, der seine Unkenntnis von Populärkultur schon hinreichend bewiesen hat, glaubt abstrakt, dass diese existiere. Rita zerstört jedoch seine Illusion, die Arbeiterklasse sei in ihrer kulturellen Verarmung zufrieden, und bekennt sich erneut zu ihrem

Kulturelles Wissen

Inszenierungsproblem: **the problem/question of how to stage a play adequately**
kulturelle Verarmung: **cultural deprivation**

Bedürfnis, durch Kunst und Literatur ihr Bewusstsein erweitern zu wollen.

Daraufhin erklärt ihr Frank, Forsters Motto »only connect« sei ironisch zu verstehen und dass Rita dies aber selbst hätte herausfinden sollen. Rita ist beeindruckt, dass man einen für sie so schwierigen Text in einer solch knappen, einleuchtenden Interpretation erklären kann. Aber Rita ist deshalb keineswegs eingeschüchtert: In wenigen Sätzen und nicht weniger schlüssig als Franks Interpretation von *Howards End* rechtfertigt sie ihre in Hinblick auf das Uraufführungsjahr von *Peer Gynt* technisch anachronistische These einer Inszenierung als Hörspiel. Sie verweist darauf, Ibsen selbst habe sein Stück nicht für die Bühne sondern als Lesedrama geschrieben. Wenn es 1876 das Radio schon gegeben hätte, dann wäre es für einen Text, der wie *Peer Gynt* über realistische Darstellungskonventionen hinausweist, das bestmögliche Medium für eine Inszenierung gewesen.

Ritas Probleme mit Denny

I,5: Diese Szene zeigt Rita und Frank in einer veränderten Perspektive. Ritas Schwierigkeiten, sich akademischen Anforderungen anzupassen, treten hier in den Hintergrund gegenüber den Problemen, die ihr Studium in ihrer Ehe aufwirft. Denny hat herausgefunden, dass Rita die Pille nicht abgesetzt hat, und in seiner Wut hat er alle Dramentexte Tschechows, die Frank ihr geliehen hat, verbrannt. Ritas

sein Bewusstsein erweitern: **to expand one's mind**

Text, der […] über realistische Darstellungskonventionen hinausweist: **text which challenges the realistic modes of representation**

Mann ist eifersüchtig, auf Frank ebenso wie auf Tschechow, in dem er einen von ihren neuen Bekannten vermutet.

Frank hält sich gegenüber Ritas Darstellung ihrer privaten Konflikte zunächst bedeckt und deutet sogar an, dass sie um ihrer Ehe willen vielleicht besser ihr Studium abbrechen sollte. Rita antwortet mit einem nachdrücklichen Bekenntnis, wie sehr ihr die Gespräche mit Frank und vor allem die Lektüre der Texte, die sie lesen musste, bereits neue Perspektiven eröffnet hätten.

Es gehört zur Ironie dieser Szene, dass Frank hierauf kaum anders reagiert als Denny. Ihr Mann möchte, dass Rita mit ihm in die Kneipe geht, anstatt bei Frank zu studieren. Aber obwohl Rita Frank gerade erklärt hat, dass ihr die Denny zufriedenstellende Auswahl zwischen acht Sorten Bier als Zukunftsperspektive nicht genügt, schlägt Frank Rita vor, man könne die Diskussion über Tschechow ja auch im Pub fortsetzen.

Rita akzeptiert die Einladung nicht, sondern zwingt Frank, der wieder seinen Whisky hinter den Büchern hervorgeholt hat, zum Eingeständnis, weshalb er glaube, als Dichter versagt zu haben. Beide Protagonisten offenbaren die Gründe ihres Scheiterns in der Welt, in der sie jeweils leben. Gerade deshalb aber kann die Szene versöhnlich enden. Rita, die noch niemals im Theater gewesen ist, überredet den widerwilligen und skeptischen Frank, mit ihr eine Amateuraufführung von Oscar Wildes *The Importance of Being Earnest* (1895) zu besuchen. Anstatt sich im Pub in einer Diskussion über die in ihren Lebensentwürfen scheiternden Charaktere Tschechows zu verlieren, beenden Frank und Rita den Abend mit einer Komödie, die entgegen

sich bedeckt halten: **to keep a low profile**

den Darstellungkonventionen des realistischen Dramas nicht weniger als drei lebenswirklich nicht glaubhafte Beziehungen zu einem »happy ending« führt.

I,6: Zum Erstaunen Franks erscheint Rita außerhalb ihres Tutorials in seinem Büro. Sie nutzt ihre Mittagspause, um ihm voller Begeisterung zu erzählen, dass sie in einem »richtigen« Theater eine Inszenierung von William Shakespeares *Macbeth* (1606) gesehen habe. Rita fand die Aufführung faszinierend, einen »thriller«, und am liebsten hätte sie durch Zurufe in das Bühnengeschehen eingegriffen. In ihrer spontanen Reaktion ist sie dem Verhalten von Shakespeares zeitgenössischem Publikum durchaus nahe. Doch erneut erklärt ihr Frank den Unterschied zwischen emotionaler und akademisch reflektierter Auseinandersetzung mit klassischen Texten. Im Kasperltheater kann der Kasper durch die Zurufe seiner Zuschauer in seinem Verhalten beeinflusst werden. Die Tragödie folgt jedoch einer Poetik, die Eingriffe des Publikums nicht einbezieht.

Wie man Shakespeare interpretiert

Zwar ist der zufällige Tod eines Menschen, der von einem umstürzenden Baum erschlagen wird, im umgangssprachlichen Sinne »tragisch«. Macbeth, so erklärt Frank, muss dagegen tragisch enden, weil er bis kurz vor seinem Scheitern trotz aller Warnungen nicht erkennen kann, wie er durch sein gegen göttliche Gebote wie gegen menschliche Gesetze verstoßenden Kampf um den Machterhalt seinen Untergang heraufbeschworen hat.

Kasperltheater: **Punch and Judy show**
umgangssprachlich: **colloquial**

Gegenüber der Interpretation von E. M. Forsters »how to connect« ist Franks Erläuterung der Darstellungskonventionen der elisabethanischen Tragödie weitaus ausführlicher. Sie unterstreicht, dass er Rita als Studentin angenommen hat. Deshalb akzeptiert er auch ihren Vorschlag, am nächsten Tag mit ihr eine Kunstgalerie zu besuchen. Nicht nur das: er lädt sie auch zu einem Abendessen bei sich und Julia ein und stürzt damit Rita unbeabsichtigt in neue Konflikte. Soll sie Denny mitbringen? Und was soll sie zu diesem Anlass anziehen?

I,7: Zu Franks und Julias Party ist Rita nicht erschienen. Sie hat sich bis kurz zuvor damit gequält, was sie zu diesem Anlass anziehen sollte, aber mehr noch darüber, wie sie im vermuteten Kreis der Eingeladenen auch intellektuell mithalten könnte. Zudem hat sie sich auf dem Weg zu Frank verfahren. Als sie endlich vor seinem Haus stand und durch die Fenster die plaudernden Gäste sah, hat sie ihr Mut verlassen. Vergeblich versucht Frank ihr zu erklären, dass sie an diesem Abend keine Außenseiterin gewesen wäre und dass er sie nicht, wie sie glaubt, als »Hofnarren« zu seiner Party eingeladen hat.

Noch kann sich Rita nicht in das soziale Umfeld, in dem Frank lebt, integrieren. Nur in Franks Büro ist sie fähig, ihre Wünsche und ihre Träume ebenso wie ihre Frustrationen zu artikulieren. Anstatt an Franks Party teilzunehmen, ist sie deshalb in die Kneipe zurückgekehrt, in der

Kunstgalerie: **art gallery**
intellektuell mithalten: **to keep up in the intellectual/academic discourse/conversation**
Hofnarr: **court jester**

ihr Mann, ihre gemeinsamen Freunde und auch ihre Mutter sich den Abend mit Alkohol und dem Mitsingen von Schlagern vertreiben. Aber dort wird ihr, nicht zuletzt aufgrund der Verzweiflung ihrer Mutter, die ebenfalls instinktiv fühlt, ein »falsches« Leben zu leben, bewusst, dass sie so nicht weitermachen kann und will.

Ritas Entwurzelung

I,8: Die kurze letzte Szene des ersten Akts zeigt die Konsequenzen der Entfremdung Ritas von der Welt, in der sie bislang gelebt hat. Denny hat ihr die Entscheidung zwischen Studium und Ehe abgenommen und ihre Koffer gepackt. Ihre Alternative war, sich seinen Bedingungen zu fügen oder zu gehen. Rita wird für eine Woche zu ihrer Mutter ziehen und sich dann eine Wohnung suchen.

Wie schon zuvor vermeidet Frank, Ritas private Situation zu kommentieren. Auch was er zu ihrem Essay über *Macbeth* zu sagen hat, ist für Rita nicht ermutigend. Einmal mehr hat Rita eine sehr persönliche, engagierte Reaktion auf eine literarische Erfahrung beschrieben, und die Offenheit, mit der Rita Shakespeares Text kommentiert hat, empfindet Frank zwar als bewundernswert. Aber er zögert auch nicht, Rita zu sagen, dass diese Spontaneität in einer Examensklausur, auf die er Rita vorbereiten soll, nicht angebracht ist. Die Szene zeigt Frank in einem Zwiespalt: Für ihr Examen ist Rita nach den universitären Standards noch nicht reif. Sie darauf zu »trimmen« bedeutet jedoch, Ritas »Einzigartigkeit« (*uniqueness*) des Zugangs zu literarischen Texten zu unterdrücken.

literarische Erfahrung: **literary experience**
trimmen: **to train, to coach s.o.**

In I,8 fürchtet Frank, dass er in Rita mehr zerstören als aufbauen wird. Aber seiner skeptischen Einschätzung steht Ritas Optimismus entgegen. Zu einem neuen Anfang bereit zerreißt sie ihren Essay über *Macbeth*: »we start again«.

II,1: Zwischen dem ersten und dem zweiten Akt sind die Semesterferien verstrichen. Frank hat seinen Urlaub mit Julia in Frankreich verbracht, wo sie sich über Nichtigkeiten zerstritten, bis Julia ihn verließ, um aber dann doch wieder zu ihm zurückzukehren.

Der Sommerkurs

Rita dagegen geht begeistert in das neue Semester. Sie hat in London an einem Sommerkurs teilgenommen und dabei Anschluss an die anderen Studierenden gefunden. Zudem hat sie sich durch ihre aktive Mitarbeit in den Seminaren die Anerkennung ihrer Lehrer erworben. Ihre neu gewonnene Selbstsicherheit zeigt sich in ihren Äußerungen über die Autoren, deren Werke sie in London studiert hat, aber auch darin, dass sie Frank ein Geschenk mitgebracht hat. Es ist ein teurer Füllhalter, dessen Gravur besagt, dass Frank ihn nur zum Schreiben seiner Gedichte benutzen darf.

Rita will Frank motivieren und ihn auch vom Alkohol wegbringen. Sie selbst hat das Rauchen aufgegeben und zudem in Trish eine Mitbewohnerin für ihr Apartment gefun-

Nichtigkeiten: **trivialities**
Selbstsicherheit: **self-confidence**
Gravur: **engraving**
Mitbewohner(in): **fellow tenant**

den, deren Intellektualität und vor allem Geschmackssicherheit sie bewundert. Frank dagegen ist der verkrachte Akademiker geblieben, der er schon im ersten Akt war. Dass seine Schülerin im Begriff ist, über seinen Einfluss hinauszuwachsen und er sie verlieren wird, das wird ihm besonders schmerzlich bewusst, als er Rita als nächste Leseaufgabe die Gedichte William Blakes (1757–1827) nahebringen will. Zu seinem Erstaunen kann Rita nicht nur eins der berühmtesten Gedichte Blakes, »The Sick Rose« (1794), auswendig zitieren. Sie hat alle Gedichte der *Songs of Innocence and Experience* bereits gelesen und mit ihren Mitstudenten für ihren Londoner Tutor sogar eine als Hommage intendierte Parodie von »The Sick Rose« verfasst.

Angst vor Ritas Verlust

Bewahrt hat sich Rita jedoch, und das signalisiert auch die von ihr rezitierte Parodie, den unverkrampften Zugang zur Hochliteratur. »Unschuld« und »Erfahrung« sind für sie keine ästhetisch entrückten, abgehobenen Kategorien, sondern lebenswirkliche Entwicklungsstadien, mit denen sie sich noch immer identifizieren kann.

II,2: Auch die zweite Szene akzentuiert Ritas Fortschritte, diesmal durch ihr Sprachverhalten. Ihre umgangssprachliche, ungezwungene Ausdrucksweise will sie ablegen, auch

Geschmackssicherheit: **sense of taste**
Mitstudent: **fellow student**
die von ihr rezitierte Parodie: **the parody she quotes**
unverkrampft: **relaxed**
lebenswirkliche Entwicklungsstadien: **real and essential stages of development**
ungezwungen: **casual, unaffected**

ihren Liverpooler Akzent versucht sie zu unterdrücken – was in der Textfassung allerdings nur begrenzt deutlich wird und von der Darstellerin realisiert werden muss.

Anstatt sich über ihre Fortschritte zu freuen, empfindet Frank Rita wie eine »Mutantin«. Seiner Bitte, doch wieder »sie selbst« zu sein, kann und will Rita aber nicht mehr entsprechen. Der Sommerkurs hat ihr auch die Angst vor anderen Studierenden genommen. Auf eine zufällig auf dem Campus mitgehörte Bemerkung über D.H. Lawrence reagiert sie mit einem Streitgespräch, an dessen Ende sie in eine Studentengruppe integriert ist und eingeladen wird, mit der Gruppe die Weihnachtsferien in Frankreich zu verbringen.

Rita löst sich von Frank

Auch dies, insbesondere der Hinweis auf einen an Rita besonders interessierten Studenten namens »Tiger« Tyson, den Wortführer der Gruppe, macht Frank deutlich, dass Rita sich aus der im ersten Akt exklusiven Beziehung zu ihm zu lösen beginnt. Gleichzeitig muss er einräumen, dass ihre Essays nunmehr denen seiner anderen Studierenden qualitativ nicht mehr nachstehen. Im akademischen Diskurs hat sich Rita ebenfalls das eingeforderte Sprachvermögen angeeignet.

II,3: Ritas fortschreitende Emanzipation treibt Frank in eine immer tiefere Depression und zu noch exzessiverem Trinken. Als er verspätet zu Ritas Tutorial erscheint, erzählt er ihr, wie er sturzbetrunken (aber noch immer aka-

Wortführer: **spokesman**
Sprachvermögen: **faculty (command) of language**
sturzbetrunken: **totally drunk**, coll.: **pissed as a newt**

demisch anspruchsvoll) seine Vorlesung gehalten habe, und dass sich hierauf die Studierenden bei der Universitätsleitung beschwert hätten. Es ist ihm durchaus bewusst, dass die Universität ihn nun loswerden will. Alkoholismus reicht als Entlassungsgrund aber nicht aus, und deshalb hat man ihm nahegelegt, eine Auszeit zu nehmen, mehr als nur ein Forschungsfreisemester, und das möglichst außerhalb Großbritanniens.

Franks Suspendierung

Mit Rita zerstreitet sich Frank über deren Interpretation von Blakes Gedicht »The Blossom«. Für ihn ist es ein einfaches, unkompliziertes Gedicht. Rita dagegen hat dessen vielschichtige Bedeutungen erkannt und vermag ihren Standpunkt auch zu behaupten. Sie hält Frank ihre Fortschritte bei der Interpretation literarischer Texte vor und erklärt, inzwischen könne sie sehr wohl die Unterschiede zwischen Somerset Maugham und Harold Robbins benennen. Als Frank dann einräumt, er habe inzwischen *Rubyfruit Jungle* gelesen und fände den Roman ausgezeichnet, weist Rita sein Urteil abermals zurück. Das Buch, mit dem sie sich zu Beginn des Stücks so sehr identifiziert hatte, sei zwar ganz »interessant«, aber keineswegs ausgezeichnet und literarisch bedeutend.

Ritas akademische Fortschritte

II,4: Zu ihrem Tutorium erscheint Rita verspätet. Während einer Diskussion mit ihren neuen Freunden über Shakespeare hat sie den Termin bei Frank vergessen. Außerdem war sie die Woche zuvor überhaupt nicht erschienen.

Forschungsfreisemester: **sabbatical**
vielschichtig: **multi-layered**

In dieser Szene erfährt Frank auch, dass Rita ihren Beruf als Friseuse aufgegeben hat und nun in einem Bistro arbeitet, wo sich auch ihre Freunde treffen. Mit erkennbarer Eifersucht fragt Frank, ob auch »Tiger« Tyson zu den Gästen zähle. Rita muss das bejahen, aber sie macht auch deutlich, dass für sie nicht allein dieser Kommilitone, sondern vor allem der Dialog mit der Gruppe wichtig ist.

Frank ist eifersüchtig

Je mehr Frank merkt, dass Rita ihm entgleitet, desto mehr will er sie zum Bleiben bewegen. Aber Rita ist verabredet: Gemeinsam mit Trish will sie Tschechows *Die Möwe* ansehen. Als letzte Interpretationsaufgabe – gleichzeitig ein letzter Versuch, Rita an sich zu binden – gibt Frank ihr deshalb seine eigenen Gedichte zu lesen und fordert von ihr eine unsentimentale, objektive Würdigung seiner Lyrik ein.

II,5: Außerhalb des verabredeten Tutoriums und voller Begeisterung stürmt Rita in Franks Büro. Trish und sie haben in der Nacht zuvor Franks Gedichte gelesen. Aufgrund dessen, was sie inzwischen gelernt hat, vermochte Rita zu erkennen, wie Franks Lyrik zugleich zeitgenössisch, modern und dennoch in ihren vielfältigen Anspielungen der Tradition der Dichtkunst verpflichtet ist.

Frank ist über diese akademisch fundierten Komplimente, so schmeichelhaft sie für ihn auch sind, nicht wirklich begeistert. Erkennbar hat er auf eine spontane emotionale Reaktion wie seinerzeit Ritas Identifikation mit *Rubyfruit Jungle* gehofft – auf eine Identifikation mit ihm.

Tradition der Dichtkunst: **poetic tradition**

Seine Desillusionierung wird deutlich, als er sich mit Mary Shelley vergleicht und andeutet, dass er – wie Mary Shelley in ihrem Roman *Frankenstein* – in Rita ein Monster geschaffen habe. Entgegen Ritas Protest sind seine Gedichte für ihn Fehlschläge, die seinen Maßstäben für Dichtung nicht gerecht werden, und deshalb zerreißt er sie.

Selbstmitleid vs. Emanzipation

Rita kann Franks Selbstmitleid nicht ertragen, und sie schlägt verbal zurück. In für Frank verletzenden Worten verteidigt sie ihre Emanzipation und erklärt ihm, dass sie ihn nicht länger brauche. Sie ist da, wo sie hinwollte: sie hat ein Zimmer voller Bücher, sie weiß nun, wie man sich in »intellektuellen« Kreisen vorteilhaft anzieht, welchen Wein man bestellt und welche Bücher und Zeitungen man zu lesen hat.

Streit

Als Frank ihr daraufhin vorhält, dass das als kulturelle Emanzipation vielleicht doch nicht genügend sei, fügt Rita noch eine weitere Verletzung hinzu: Niemand außer Frank nenne sie noch Rita. In der Welt, in der sie jetzt lebt, ist sie wieder Susan White, und in seinem Beharren darauf, sie weiterhin Rita zu nennen, ist Frank ihrer Wirklichkeit entfremdet. Wie sie es drastisch ausdrückt, ist Frank ein »Blödmann«, von dem sie sich trennen wird.

Darauf kann Frank nur noch zynisch reagieren, indem er als mögliche zukünftige Identitäten für Rita/Susan emanzipierte Autorinnen und Heldinnen aus Romanen des 20. und des 19. Jahrhunderts benennt – Virginia Woolf, die Brontë-Schwestern und Jane Eyre.

Desillusionierung: **disillusionment**
Selbstmitleid: **self-pity**
Emanzipation: **emancipation**

II,6: In dieser kürzesten Szene des Stückes versucht Frank, Rita zunächst über ihren Arbeitsplatz und dann über Trish zu erreichen. Trotz der Verletzungen, die sie ihm bei ihrem letzten Treffen zufügte, hat er sie zum Examen angemeldet. Seine Anrufe sind zugleich ein Versuch, den Kontakt zu ihr nicht abreißen zu lassen.

Letzte Begegnung

II,7: Ritas und Franks letzte Begegnung findet kurz vor Weihnachten statt. Rita hat Frank eine Weihnachtskarte gebracht und wartet in seinem Büro auf ihn. Als Frank erscheint, trägt er zwei leere Teekisten und beginnt wortlos, seine Bücher einzupacken. Für zwei Jahre hat ihn die Universität, anstatt ihn zu entlassen, nach Australien »verbannt«. Julia wird nicht mitkommen, aber, wie er mit zynischem Unterton anmerkt, in Australien gibt es immerhin »Fo(r)ster's Lager«.

Rita besteht das Examen

Auf Franks verbitterte Frage, warum Rita überhaupt noch einmal zurückgekommen sei, beteuert sie zwei Mal, dass er für sie ein guter Tutor gewesen sei. Durch seine Hilfe hat sie das Examen mit Erfolg bestanden. Aber aus Franks Sicht hat Rita sich zugleich auch selbst verraten. Die ihr aus Franks Tutorium (vgl. I,4) vertraute Prüfungsfrage, wie man *Peer Gynt* inszenieren solle, hat sie nicht mehr wie zuvor mit einem Satz, sondern um den Preis ihrer Spontaneität akademisch korrekt beantwortet.

Dennoch fragt Frank Rita, ob sie ihn nach Australien begleiten und mit ihm einen neuen Anfang wagen würde.

verbannen: **to banish**
Spontaneität: **spontaneity**

Rita lehnt das ab, denn Frank kann ihr hinsichtlich ihrer Entwicklung nichts mehr geben. Jedoch hat er durch seinen Einsatz als Tutor ihr mehr als nur Wissen vermittelt: mit seiner Hilfe hat sie gelernt, frei entscheiden zu können. Sie hat nun die Wahl, mit »Tiger« und den anderen Studenten in den Weihnachtsferien nach Frankreich zu fahren. Aber zugleich fühlt sie sich ihrer Mutter verpflichtet, die sie für die Weihnachtstage eingeladen hat.

Frank hat dazu beigetragen, dass Rita sich ihrer Möglichkeiten bewusst geworden ist. Aber diese Freiheit garantiert noch keine glückliche Zukunft. Sie wird überschattet von dem Selbstmordversuch, den Trish, Ritas Vorbild für ein souveränes, intellektuell und ästhetisch selbstbestimmtes Leben, unternommen hat. Weder Frank noch sie haben eine gesicherte, Lebensglück garantierende Zukunft.

Versöhnliche Trennung

Russell beendet *Educating Rita* jedoch versöhnlich. Obwohl Frank sich nicht sicher sein konnte, dass Rita ihn nach ihrer Abschlussklausur nochmals besuchen würde, hat er ihr für die Examensfeier ein Kleid gekauft. Als Rita ihn darauf hinweist, dass der Ausschnitt des Kleides für den Anlass doch ziemlich gewagt sei, räumt Frank ein, dass er beim Kauf mehr an Rita als Frau und weniger an die junge Akademikerin gedacht habe.

Auf dieses Eingeständnis reagiert Rita mit der Spontaneität, die für sie schon in I,1 charakteristisch war. Ein Leben

Selbstmordversuch: **attempted suicide**
Examensfeier: **graduation**
gewagt: **daring, risqué**

mit Frank wird nicht ihre Zukunft sein. Aber um all dessen willen, was Frank ihr gegeben hat, kehrt sie für einen Augenblick wieder in ihre Vergangenheit zurück und wird noch einmal Friseuse. Nachdem sie eine Schere gefunden hat, beginnt sie, ihm die Haare zu schneiden: Für Australien will sie Frank um zehn Jahre verjüngen.

3. Personen

Im Bühnenbild, im Handlungsaufbau sowie in der Figurenkonzeption folgt Russell den Darstellungskonventionen des realistischen Dramas. Bezogen auf die *dramatis personae* bedeutet dies, dass die Charaktere mit einer Vorgeschichte ausgestattet werden, aufgrund derer ihre weitere Entwicklung nach dem Beginn des dramatischen Konflikts als folgerichtig nachvollzogen werden kann.

Personen mit Vorgeschichte

Entsprechend diesen Vorgaben hat Russell Frank und Rita als »lebenswirklich« konzipiert, und in ihrem Verhalten, in ihrer Sprache und in ihrer Entwicklung tragen sie dem Zeitgeist der siebziger und achtziger Jahre des 20. Jahrhunderts Rechnung.

Frank ist einerseits der aufgrund seines Festhaltens an klassischen und deshalb antiquierten Bildungsidealen schon früh gescheiterte Dichter. Seine Lyrik (von der Russell dem Theaterpublikum allerdings kein Beispiel gibt) setzt einen literarisch und kulturgeschichtlich vorgebildeten Leser voraus, den es in der zweiten Hälfte des 20. Jahrhunderts aus Franks Sicht jedoch nicht mehr gibt.

Ebensowenig wie seine Leser genügen Franks Studenten

Handlungsaufbau: **plot structure**
lebenswirklich: **true to life**
Zeitgeist: **spirit of the times**
Rechnung tragen: **to take account of s.th.**
antiquiert: **old-fashioned**

seinen elitären ästhetischen Ansprüchen. Seinen Brotberuf als Professor für englische Literatur, seine zweite Identität, hat Frank nicht in den in ästhetischer Hinsicht weitaus traditionsbewussteren Universitäten Oxford oder Cambridge gefunden, sondern an der in der Hierarchie der britischen Hochschulen deutlich niedriger eingestuften Universität von Liverpool.

Frustrierter Dichter und Lehrer

In der berufsbezogenen Tradition dieser im 19. Jahrhundert gegründeten Universität ist der Literaturwissenschaftler Frank als akademischer Lehrer wiederum Außenseiter. Russell hat *Educating Rita* geschrieben, bevor die sogenannten »soft skills«, die neben fachlichem Wissen für den beruflichen Erfolg in einer globalisierten Welt die kulturelle Kompetenz als nicht minder wichtig definieren, als Bildungsauftrag den Geisteswissenschaften übertragen wurden.

Die deprimierende Einsicht, als Dichter wie auch als Professor nur Randfigur zu sein, hat Frank zum Alkoholiker werden lassen. Dass er anderen noch etwas geben könne, daran glaubt er vor der Begegnung mit Rita nicht. Um so mehr überrascht es ihn, dass Rita ihn trotz seines abweisenden Verhaltens als intellektuelle und als menschliche Herausforderung annimmt. Ritas Fortschritte erkennt

Brotberuf: **bread and butter job**
traditionsbewusst: **tradition conscious**
berufsbezogen: **vocationally orientated**
Bildungsauftrag: **assigned task in education**
Geisteswissenschaften: **humanities**
deprimierend: **depressing**
Randfigur: **minor figure**
menschliche Herausforderung: **personal challenge**

Frank zunächst nur widerwillig an. Doch im zweiten Akt muss er eingestehen, dass Rita gelernt hat, sich in akademischen Diskursen zu behaupten. Anstatt jedoch auf ihre Fortschritte stolz zu sein, sie zugleich weiter zu fördern und dabei behutsam loszulassen, reagiert er mit Eifersucht auf »Tiger« Tyson und die Studentengruppe, in der Rita ein neues soziales und geistiges Umfeld gefunden hat.

Frustrierter Mann

Russells Frank ist nicht nur ein frustrierter Dichter und enttäuschter Professor, er ist auch ein frustrierter Mann. Dass es ihm nicht gelungen ist, aus Rita eine Frau nach seinem Idealbild zu formen, dass Rita sich ihm sexuell entzieht und sich von ihm emanzipiert, kompensiert Frank durch noch exzessiveren Alkoholkonsum, der schließlich und zwangsläufig die Beurlaubung von seiner Professur zur Folge hat. Von diesen Vorgaben her ist ein *happy ending* nicht möglich. Der versöhnliche Schluss lässt es deshalb offen, ob Frank in Australien wirklich einen Neubeginn wird realisieren können oder ob seine Zukunft jenseits der Selbstironie, mit der er seine Verbannung kommentiert, nicht doch im weiteren Konsum von Whisky und von »Foster's Lager« liegen wird.

Spannung zwischen Dynamik und Resignation

Rita ist Russells dynamischer Gegenentwurf zu Frank. Sie verkörpert Aufbruch und Neubeginn, Frank dagegen steht für Resignation. Aus dieser Spannung zwischen den Charakteren entwickelte Russell den für *Educating Rita* zentralen Konflikt. Er vertraute dabei darauf,

zwangsläufig (Adv.): **inevitably**
versöhnlich: **conciliatory**

dass ein überwiegend von der bürgerlichen Mittelschicht dominiertes Theaterpublikum dem Bemühen Ritas, sich ihr bislang unzugängliche Bildungsgüter doch noch anzueignen, von vornherein positiv gegenüberstehen würde.

Ausweislich des Erfolgs von *Educating Rita* nicht nur in Großbritannien war dieses Kalkül richtig. Als *dramatis persona* ist Rita darauf angelegt, die Sympathien des Publikums auf sich zu ziehen. Hierfür hat Russell sie mit drei, bei näherer Betrachtung allerdings widersprüchlichen, sympathielenkenden Eigenschaften ausgestattet: Rita verfügt aufgrund ihrer Vorgeschichte als Friseuse und als »married working class woman« über lebenspraktische Erfahrung und Skepsis. Deshalb geht sie ihre Zukunftspläne auch nicht naiv an, sondern zeigt in ihrem Verhalten, was insbesondere ein britisches Theaterpublikum zu schätzen weiß, »common sense«, einen »gesunden Menschenverstand«, aufgrund dessen sie die Möglichkeiten, die Frank ihr als akademischer Lehrer bieten kann, aber auch seine Grenzen als Tutor wie als Mann und möglicher Partner realistisch einzuschätzen vermag. Mit dieser pragmatischen Einstellung kontrastiert jedoch Ritas Idealismus, ihr trotz Franks Kritik an ihren akademischen Leistungen unerschütterlicher Glaube, sich durch Bildung, durch die Kurse der »Open University« selbst finden zu können.

Idealismus neben gesundem Menschenverstand

Dass eine 26 Jahre alte, früh verheiratete Friseuse ihre durch Herkunft, Beruf und Ehe bedingte Situation als been-

Kalkül: **calculation**
sympathielenkend: **manipulating the sympathy of s.o.**
unerschütterlich: **unshaken**

gend empfinden kann, ist glaubwürdig. Lebenswirklich weniger überzeugend ist jedoch, dass sie ihre Selbstfindung ausgerechnet durch ein literaturwissenschaftliches Studium realisieren will. In dieser Entscheidung wird Rita am ehesten als konstruierte Figur erkennbar. Denn anstatt sich als attraktive junge Frau einen ökonomisch besser gestellten und vielleicht auch intellektuell flexibleren Partner als ihren Ehemann Denny zu suchen, entscheidet sie sich für das Bildungsideal der Mittelschicht, das vorgibt, durch kulturelle Kompetenz könne man einen nur durchschnittlichen wirtschaftlichen Erfolg im Leben mehr als ausgleichen.

Bildungsideal der Mittelschicht

Aufgrund Ritas Eigenschaften muss es theatererfahrenen, mit den Konventionen der realistischen Komödie vertrauten Zuschauern bereits im ersten Akt klar werden, dass sie trotz ihrer dort in den Vordergrund gerückten Probleme in Beruf, Ehe und Studium ihren Weg finden wird. Russell vermeidet jedoch eine zu eindeutige Auflösung. In der letzten Szene bekennt Rita, dass sie noch nicht entschieden hat, wie sie weiterleben wird. Aber Russell entlässt sein Publikum auch mit der Gewissheit, dass Rita nun diese Entscheidungen auf höherem Reflexionsniveau treffen kann.

Fraglich muss allerdings bleiben, ob das Theaterpublikum sich an diesem Punkt noch daran erinnert, dass Rita bereits bei ihrem ersten Auftritt mit der unverblümten Aufforderung, Frank müsse sein Türschloss reparieren lassen, bewiesen hat, dass sie auch ohne Kenntnis all der Texte, die Frank

kulturelle Kompetenz: **competence concerning cultural issues**
Reflexionsniveau: **level of reflection**
unverblümt: **blunt**

ihr danach zur Interpretation gibt, lebenstüchtiger ist als der sich aufgrund seiner Vorgeschichte sozialen Interaktionen nur noch widerwillig öffnende Professor.

Die **Nebenfiguren** in *Educating Rita* sind unausgeformt und bleiben – anders als in der Filmfassung (vgl. Kapitel 7) – allein der Imagination des Theaterpublikums überlassen. Franks Frau hat noch nicht einmal einen Namen, und das Theaterpublikum erfährt nur, dass sie Frank verlassen hat, als sie erkannte, aus ihm würde kein bedeutender Dichter werden. Ritas Ehemann Denny ist in ihrer Schilderung unfähig, sich neuen, über den eigenen Lebensentwurf hinausgreifenden Vorstellungen zu öffnen – dadurch wird die Trennung zwangsläufig.

Diese holzschnittartige Charakterdarstellung gilt auch für die anderen, ebenfalls nur im Dialog erwähnten Nebenfiguren. Weshalb Julia Frank überhaupt noch den Haushalt führt, obwohl dieser für ihre Anstrengungen keine Anerkennung findet, wird ebensowenig vertieft wie die Motive, die Ritas Freundin Trish in einen Selbstmordversuch treiben. Auch »Tiger« Tyson, der Wortführer in Ritas neuem Freundeskreis, auf dessen Interesse an Rita Frank so eifersüchtig reagiert, bleibt eine blasse Figur, zumal Rita »Tigers« jugendliche Ausstrahlung in der letzten Szene mit dem Satz relativiert, »He's a bit of a wanker really« (110,19).

Erkennbar wird jedoch, und dies auch in Ritas Beschreibung der stummen, aber im Stück ebenfalls nicht ausge-

soziale Interaktionen: **social interactions**
Nebenfiguren: **minor characters (parts)**
hinausgreifen: **to reach beyond s.th.**
holzschnittartig: **simplistic**

formten Verzweiflung ihrer Mutter über ein nicht gelebtes Leben, dass im Mittelpunkt von *Educating Rita* die Sehnsucht steht, sich noch einmal neu erfinden zu können. Rita, so gibt es Russell vor, kann dies gelingen – Frank jedoch nicht.

4. Werkaufbau

Junge und beim Publikum noch unbekannte Dramatikerinnen und Dramatiker sind gut beraten, wenn sie in ihren ersten Stücken auf eine Vielzahl von Rollen verzichten. Die Erklärung hierfür ist einfach: jede zusätzliche Rolle, jeder Schauplatzwechsel erhöht die Kosten der Inszenierung und reduziert somit die Wahrscheinlichkeit, dass sich ein nicht subventioniertes Theater zur Aufführung bereit findet.

Produktionsbedingungen

Willy Russell war 1980 zwar kein gänzlich unbekannter Dramatiker mehr (vgl. Kapitel 6), aber »etabliert« war er noch keineswegs. Dass ausgerechnet die angesehene Royal Shakespeare Company *Educating Rita* auf die Bühne bringen würde, das war für ihn nicht voraussehbar. Die Begrenzung auf nur zwei Rollen und einen Schauplatz verweist deshalb darauf, dass Russell für die Uraufführung von *Educating Rita* eher ein kleines und in seinen finanziellen Mittel begrenztes Theater im Blick hatte.

Zwei-Personen-Stücke tragen zwar sparsamen Produktionsbedingungen Rechnung, stellen aber zugleich auch hohe Anforderungen an den Autor wie an die Darsteller. Denn wo nur zwei Protagonisten agieren, ist es um so schwieriger, einen das Publikum von der Exposition bis zum Dramenschluss fesselnden Spannungsbogen zu entwickeln.

Vordergründig ist der Aufbau von *Educating Rita* kon-

Schauplatzwechsel: **change of the set**

einen Spannungsbogen entwickeln: **to create suspense**

Exposition

ventionell. Die ersten Szenen, die Exposition, sind von der Annäherung zwischen Frank und Rita bestimmt. Dabei rückt Russell beider Unsicherheit und Verletzlichkeit in den Vordergrund. In diese Szenen integriert Russell die Vorgeschichte seiner Protagonisten, wodurch dem Publikum die Gründe ihres Verhaltens einsichtig werden.

Trotz des wachsenden gegenseitigen Verständnisses ist der Handlungsverlauf des ersten Akts jedoch eindeutig. Rita kann in ihrem Bemühen, den für das Tutorial zu lesenden Texten gerecht zu werden, Franks akademischen Ansprüchen nicht genügen. Ihre für das Publikum überzeugenden, aber stets subjektiv statt literaturwissenschaftlich begründeten Interpretationen sind im Hinblick auf die Prüfung, die sie ablegen muss, trotz aller Anstrengungen nicht akzeptabel.

Am Ende des ersten Akts hat Rita scheinbar keine Zukunft als Studentin, und auch privat, aufgrund der Trennung

Tiefpunkt in Ritas Entwicklung

von Denny und der Welt, in der sie bislang gelebt hat, ist sie entwurzelt. Ritas Entwicklung hat damit in Hinblick auf die erhoffte Zukunft ihren Tiefpunkt erreicht. Vor diesem Hintergrund ist Ritas den ersten Akt beschließender Ausruf »we start again« lebenswirklich eher unglaubwürdig, aber dramaturgisch wirkungsvoll.

Durch Ritas Zukunftsvertrauen entlässt Russell sein Publi-

akademischen Ansprüchen nicht genügen: **to fail to meet academic requirements**

Tiefpunkt: **low, nadir**

dramaturgisch wirkungsvoll: **dramaturgically effective**

Zukunftsvertrauen: **trust in the future**

kum bewusst nicht ohne Hoffnung in die Pause. Denn Ritas »we start again« hat programmatische Bedeutung. Nachdem der erste Akt gezeigt hat, welche Opfer man bringen muss, um durch Bildung eine neue Identität und zu sich selbst zu finden, zeigt Russell im zweiten Akt, dass Ritas Anstrengungen nicht unbelohnt bleiben werden. Ihre Entscheidung, nicht zu resignieren, wird durch Aufstieg belohnt.

Durch den zweiten Akt revidiert Russell die pessimistische, von Franks Zweifeln an Ritas Bildungsfähigkeit geprägte Perspektive des ersten Akts. Dafür bedient er sich allerdings einer dramaturgischen Finte. Denn nicht aus den Dialogen mit Frank, sondern erst durch den aus dem Handlungsgeschehen ausgesparten Sommerkurs in London hat Rita ihre neue Selbstsicherheit gewonnen, mit der sie Frank im zweiten Akt gegenübertritt. Nach diesem Sommerkurs verfasst Rita nicht nur Essays, die den von Frank eingeforderten akademischen Ansprüchen genügen, sondern bereits in II,1, in der Diskussion über Blake, zeigt sie sich hinsichtlich der Interpretationsleistungen gegenüber Frank nicht nur ebenbürtig sondern sogar überlegen.

Im ersten Akt hatte Frank durch seine kritischen Anmerkungen zu Ritas Essays seine Studentin immer wieder neu verunsichert und ihr das Gefühl gegeben, sie verfüge nicht über die Voraussetzungen, um am akademischen Diskurs ernsthaft teilnehmen zu können. Im zweiten Akt ist Rita jedoch befähigt, Franks Selbstgewissheit, er verfüge über alle

Finte: **subterfuge**
Selbstsicherheit: **self-assurance**
ebenbürtig: **equal**
Voraussetzungen: **qualifications**

für eine angemessene Textinterpretation erforderlichen Antworten, erfolgreich in Frage zu stellen.

Abstieg und Aufstieg

Damit wird deutlich, dass Russell der Darstellung von Ritas »Abstieg« im ersten und »Aufstieg« im zweiten Akt »Kontrast« und »Parallele« als Darstellungskonzepte zugrundegelegt hat. Im ersten Akt muss Rita, um ihr selbstgestecktes Ziel der Weiterbildung zu verwirklichen, den Preis der Entfremdung in ihrer bisherigen Erfahrungswelt als Friseuse und vor allem von ihrem Ehemann Denny zahlen.

Indem sie auf Frank, der zunächst zögert, als ihrem Tutor beharrt und seinen Anforderungen danach gerecht zu werden versucht, begibt sie sich aber auch in die Gefahr einer neuen, für ihre Suche nach Identität nicht minder bedrohlichen Abhängigkeit. Für Denny war es ausweislich Ritas Beschreibung selbstverständlich, den gemeinsamen Lebensentwurf zu bestimmen, was eine »Gemeinsamkeit« von vornherein relativierte. Franks Ansprüche an Rita, die er nicht nur als Studentin, sondern auch als attraktive junge Frau wahrnimmt, sind, wenngleich auf anderer Ebene, ebenso vereinnahmend. Denn hinter Franks Bemühen, Rita auf das Examen der »Open University« vorzubereiten, steht auch der Wunsch, sie intellektuell nicht nur zu formen, sondern auch zu dominieren und an sich zu binden.

Die parallele Konzeption beider Akte zeigt sich darin, dass auf die Emanzipation von Denny im ersten Akt Ritas Emanzipation von Frank im zweiten Akt folgt. Beide

selbstgesteckt: **self-declared**
Lebensentwurf: **life-plan**
jdn. vereinnahmen: **to monopolize s.o.**

Entwicklungsschritte, beide Trennungen sind notwendig, damit Rita am Ende des Stücks kein länger fremdbestimmtes Leben mehr führen muss. Doch im Gegensatz zu Denny, der ihr in ihrer Ehe nichts gegeben und sie dann vor die Tür gesetzt hat, kann Rita sich von Frank versöhnlich trennen, weil er sie in der letzten, für beider Zukunft entscheidenden Konfrontation loslassen kann.

Ritas zweifache Emanzipation

Entwicklungsschritte: **stages of development**

5. Interpretation

Zum Erfolg von *Educating Rita* gerade auch beim jüngeren Theaterpublikum hat ganz wesentlich beigetragen, dass entsprechend den Vorgaben des realistischen Dramas die Geschichte der bildungshungrigen Friseuse, die sich einem Professor der Literaturwissenschaft anvertraut, als lebenswirklich glaubhaft erscheint. Mit der britischen Theatergeschichte vertraute Zuschauer vermochten jedoch schnell zu durchschauen, dass Russell für die Beziehung zwischen Rita und Frank eine dramatische Vorlage bearbeitet hat und dass darüber hinaus den vielen im Stück erwähnten Texten und Autoren zusätzliche sinnstiftende Bedeutung zukommt.

Intertextualität

Vordergründig scheint *Educating Rita* das Leben so abzubilden, wie es sein könnte. Tatsächlich hat Russell jedoch ein durch Intertextualität strukturiertes Stück verfasst. Unter Intertextualität versteht man die Beziehung zwischen einem Text – hier *Educating Rita* – und anderen Texten, die entweder ganz offensichtlich oder verdeckt den Aufbau, die Thematik, die Charakterdarstellung oder auch die Sprache beeinflusst haben. Einen Text, der entweder auf einen anderen Text oder wie *Educating Rita* auf eine Vielzahl anderer Texte zurückverweist, bezeichnet man als Intertext.

bildungshungrig: **striving for education**
sinnstiftend: **meaningful**

1913 wurde in Wien George Bernard Shaws Komödie *Pygmalion* uraufgeführt. Erst nachfolgend wurde dieses Stück auch in England ein Erfolg. Wirklich populär wurde *Pygmalion* jedoch in Alan Jay Lerners und Frederick Loewes Bearbeitung als Musical unter dem Titel *My Fair Lady* (1957), dessen Verfilmung mit Rex Harrison und Audrey Hepburn in den Hauptrollen (1960) nach heutigen Begriffen ein »blockbuster« wurde.

G. B. Shaws Pygmalion

Mit dem Titel *Pygmalion* verweist Shaw zurück auf die antike Mythologie. In seinen *Metamorphosen* (10,243–297) erzählt der römische Dichter Ovid die Geschichte des zyprischen Königs Pygmalion, der keine Frau finden konnte, die seinen Vorstellungen entsprach. Deshalb schnitzte er sich ein vollkommenes Frauenbildnis aus Elfenbein, in das er sich verliebte. Aphrodite, die Göttin der Liebe, erhörte Pygmalions Gebete, erweckte die Statue zum Leben, und Pygmalion heiratete die ideale Gefährtin, die er sich erschaffen hatte.

Antiker Mythos

Durch den Rückbezug auf den antiken Mythos ist auch Shaws *Pygmalion* ein »Intertext«. In seinem Stück sucht die junge, »Cockney«-Dialekt sprechende Blumenverkäuferin Eliza Doolittle den Sprachwissenschaftler Professor Higgins auf und bittet ihn, ihre Aussprache zu verbessern. Denn

Bearbeitung: **adaptation**
nach heutigen Begriffen: **by contemporary standards**
die ideale Gefährtin: **the ideal companion**
Blumenverkäuferin: **flower girl**
Sprachwissenschaftler: **linguist**

anstatt weiter an einer Straßenecke Blumen zu verkaufen, möchte sie einen Blumenladen eröffnen und als »a lady in a flower shop« wirtschaftlich aufsteigen.

Professor Higgins und dessen Freund Oberst Pickering reagieren auf diese Bitte mit einer Wette: Sie wollen nicht nur Eliza Doolittles Aussprache korrigieren, sondern das der Arbeiterklasse entstammende Blumenmädchen zu einer »Lady« formen, die sich in den besten Gesellschaftskreisen bewegen kann. Aufgrund der vereinten Anstrengungen – Higgins korrigiert Elizas Sprachverhalten, Pickering trainiert ihre Umgangsformen – wird Eliza Doolittle tatsächlich zu einer »Lady«, die sich sogar auf einem Botschaftsempfang behaupten kann.

Aber anders als das Musical *My Fair Lady*, wo am Schluss ein *happy ending* für Higgins und Eliza angedeutet wird, endet Shaws Stück keineswegs versöhnlich. Denn Shaws Higgins hat an Eliza kein persönliches Interesse. Sie war für den Sprachwissenschaftler stets nur ein phonetisches Studienobjekt. Eben dies hält ihm Eliza Doolittle im letzten Akt anklagend vor. In die Welt, in der Higgins und Pickering leben, gehört sie trotz ihrer Ausbildung zur Lady nicht wirklich, und in die Welt, aus der sie kommt, kann sie nun nicht mehr zurückkehren.

Shaw kehrt die Aussage des Mythos um. Bei Ovid wird aus einem vollendeten, aber leblosen Kunstwerk ein menschliches Wesen, das seinen Schöpfer zu lieben vermag. Higgins und Pickering haben dagegen eine in ihrem Denken und Verhalten natürliche junge Frau in ein

beste Gesellschaftskreise: **high society**
Botschaftsempfang: **reception at an embassy**

gekünsteltes Wesen verwandelt, das sich selbst und seiner Herkunft fremd geworden ist.

In *Educating Rita* sucht Russell eine Alternative zu den einander ausschließenden Konfliktlösungen im Mythos und bei Shaw. Im ersten Akt erfährt Rita ihre Entwurzelung nicht weniger schmerzhaft als Eliza Doolittle. Aber während Eliza deswegen auf Distanz zu dem Professor geht, gelingt Rita die Selbstfindung. Zwischen dem *happy ending* von *My Fair Lady* und der abschließenden Konfrontation von Eliza und Higgins in *Pygmalion*, in der Eliza Higgins vorwirft, er habe sie missbraucht, findet Russell einen Mittelweg. An die Stelle des selbstsicheren, den eigenen gesellschaftlichen Status niemals kritisch reflektierenden Sprachwissenschaftlers Higgins setzt Russell den verunsicherten, als Dichter gescheiterten und an seinen Fähigkeiten als akademischer Lehrer zweifelnden Frank. Shaws Higgins und Eliza Doolittle können nicht zueinander finden, weil Higgins unfähig ist, sich selbst in Frage zu stellen. Eben dies zwingt Rita im zweiten Akt von *Educating Rita* Frank jedoch auf. Bei Shaw leidet nur Eliza. Bei Russell wird auch für den akademischen Lehrer die Begegnung mit der Schülerin zu einer schmerzhaften Erfahrung. Denn Frank muss erkennen, dass er Rita nicht dominieren und sie auch nicht an sich binden kann. Sie hat von ihm gelernt, aber dadurch hat sie sich zugleich von ihm lösen können.

Rita und Eliza Doolittle

Unterschiede zu Pygmalion

gekünsteltes Wesen: **artificial being**
Entwurzelung: **uprooting**

Während Russells struktureller Rückbezug auf *Pygmalion* und auf *My Fair Lady* vergleichsweise leicht durchschaubar ist, sind die in den Dialogen zwischen Frank und Rita benannten Autoren und Texte als intertextuelle Verweise komplexer chiffriert. Jedoch lässt sich zeigen, dass Russell durch diese Verweise dem Verlauf der Beziehung zwischen Rita und Frank eine über das realistische Drama hinausweisende, überpersönliche Bedeutung zu geben versucht.

Intertextuelle Verweise

Der erste Satz von *Educating Rita* lautet: »Where the hell …? Eliot?« Franks Suche nach seiner Whiskyflasche hinter den Büchern von T. S. Eliot und Charles Dickens akzentuiert von Beginn an intertextuelle Bezüge. Denn Eliot und Dickens sind nicht beliebig ausgewählte, etwa durch den Regisseur austauschbare Autoren: Russell verortet Frank zwischen dem in seinem sozialkritischen Engagement zukunftszugewandten Dickens, einem Schriftsteller, der an den durchaus scharfsichtig erkannten Fehlentwicklungen der viktorianischen Gesellschaft nicht verzweifelte, sondern in jedem seiner Romane soziale Reformen einforderte, und Eliot, der 1922 vor dem Hintergrund des Ersten Weltkriegs mit dem Gedichtzyklus *The Waste Land* eine desillusionierte Analyse der Gegenwart wie der Zukunft veröffentlichte. Als akademischer Lehrer, der nicht nur

Eliot und Dickens

chiffriert: **coded**
sozialkritisches Engagement: **critical commitment to societal issues**
Fehlentwicklung: **s.th. taking a wrong turn**
Gedichtzyklus: **cycle of poems**

faktisches Wissen vermitteln, sondern auch junge Menschen auf ihr Leben vorbereiten soll, müsste Frank eigentlich in der Nachfolge von Charles Dickens stehen. Wenn er schließlich hinter dessen Romanen seinen Whisky findet, so signalisiert dies auch, dass er vielleicht doch noch etwas zu geben vermag. Aber sein *alter ego*, die elitäre Seite seiner Persönlichkeit sowie sein Kulturpessimismus, wird durch T. S. Eliot verkörpert. In dieser Gespaltenheit tritt er Rita gegenüber, als sie ihn erstmals aufsucht.

Ebensowenig ist es Zufall, dass Rita aus den vollen Bücherregalen Franks ausgerechnet E. M. Forsters *Howards End* herauszieht. Mit der Wahl dieses Textes ist bereits vorgezeichnet, dass es für Rita und Frank kein *happy ending* geben kann. Die Bedeutung des Leitmotivs von Forsters Roman, »only connect« für die Beziehung zwischen Frank und Rita vermag das Publikum zwar in der ersten Szene noch nicht zu erkennen. Wer jedoch mit *Howards End* vertraut ist, weiß, dass gegensätzliche Auffassungen ebenso wie soziale Schranken in diesem Roman unüberwindlich bleiben und der Versuch, durch Bildung eine neue Identität zu finden, zum Scheitern verurteilt ist.

Forsters Howards End

Auch die anderen von Russell in *Educating Rita* erwähnten Texte dienen dazu, den Verlauf der Beziehung zwischen Frank und Rita zu illustrieren und zu kommentieren. Ritas

faktisches Wissen: **knowledge which is based solely on facts**
elitär: **elitist**
Kulturpessimismus: **despair of civilization**
Leitmotiv: **leit-motif**
gegensätzliche Auffassungen: **conflicting opinions**
zum Scheitern verurteilt sein: **to be doomed**

Begeisterung für *Rubyfruit Jungle* und für Harold Robbins' *A Stone For Danny Fisher* unterstreicht zunächst ebenso wie ihre Lektüre von Somerset Maughams stark autobiographisch geprägtem Entwicklungsroman *Of Human Bondage* (1915) – dessen Titel sie sexuell doppeldeutig und deshalb »pervers« findet (vgl. I,3) –, dass sie Literatur vor allem als Lebenshilfe begreift, als Ratgeber für ihr Streben nach Selbstentfaltung.

Inhalt und Form

Erst durch Frank wird sie an die ästhetische Dimension von Literatur herangeführt und muss lernen, dass es keine beliebige Trennung von Inhalt und Form gibt. Ibsens *Peer Gynt* schildert zwar auch eine Suche nach dem Sinn des Lebens, aber als Thema für Ritas Essay wählt Frank bewusst keine inhaltliche Fragestellung. Statt dessen zwingt er ihr die Auseinandersetzung mit der Form von Ibsens seinerzeit für das moderne Drama in Europa wie in Amerika richtungweisenden Stücks auf.

Nachdem Rita mit Franks Hilfe diese Aufgabe gemeistert hat, kann er ihr am Beispiel von *Macbeth* (vgl. I,6) auch erklären, welchen genrespezifischen Vorgaben eine elisabethanische Tragödie folgt und warum man sie deshalb nicht vordergründig als »realistisch« rezipieren kann.

Insbesondere durch den doppelten Rückbezug auf Tschechow präzisiert Russell Ritas und Franks Beziehung. In I,5 hat Denny aus Eifersucht alle von Frank ausgeliehenen Dra-

doppeldeutig: **ambiguous**
Lebenshilfe: **counselling**
Selbstentfaltung: **self-development**
genrespezifische Vorgaben: **aesthetic conventions which define a literary genre**

men Tschechows verbrannt und verdächtigt seine Frau sogar, mit diesem ihm unbekannten Dramatiker eine Beziehung zu unterhalten. Denny will nicht wahrhaben und kann auch nicht begreifen, dass zwischenmenschliche Beziehungen komplexer sein können, als er es sich vorstellen kann. Deshalb reagiert er mit hilfloser Aggression.

Rita und Tschechow

Vor diesem Hintergrund ist Ritas Entscheidung in II,4, anstatt den Abend trotz Franks Bitte mit ihm zu verbringen, mit Trish sich eine Aufführung von Tschechows *Die Möwe* anzusehen, eine Schlüsselszene. In Tschechows melancholischem Stück über von den Protagonisten falsch interpretierte Gefühle fällt der jungen Nina, die sich in den berühmten Autor Trigorin verliebt, mit ihm ein Kind zeugt und dann von ihm verlassen wird, die Opferrolle zu. Dieser Rolle entzieht sich Rita in II,4. Sie wird Denny kein Kind schenken und sie wird auch nicht zulassen, dass Frank ihren zukünftigen Lebensentwurf bestimmt. Damit deutet Russell den Schluss von *Educating Rita* bereits indirekt an.

Auf Ritas Verhalten in II,4 reagiert Frank in II,5 – mit Denny durchaus vergleichbar – ebenfalls mit hilfloser Aggression. Wenn er Rita vorhält, er habe mit ihr ein Mary Shelleys Frankenstein vergleichbares »Monster« geschaffen, wenn er sie provokativ fragt, ob sie nun, nachdem sie Rita Mae Brown hinter sich gelassen habe, ihre Identität bei »klassischen« Autorinnen suche, die wie Jane Austen, die Brontë-Schwestern oder Virginia Woolf für die Emanzipati-

Schlüsselszene: **key scene**
Opferrolle: **part of the victim**
provokativ (Adv.): **provocatively**

on der Frau eingetreten sind, dann wird deutlich, wie wenig Frank zu diesem Zeitpunkt fähig ist, Ritas Selbständigkeit zu akzeptieren.

Rita bleibt selbständig

Weshalb Ritas und Franks Trennung unvermeidlich ist, wird jedoch bereits an der vorausgehenden Diskussion über William Blakes (1757–1827) Gedichte deutlich, die von II,1 bis hin zu II,3 thematisiert werden. Sowohl für »The Sick Rose« wie auch für »The Blossom« kann Rita komplexe Deutungen vortragen, die Blakes symbolischer Dichtersprache weitaus mehr gerecht werden als Franks hartnäckiges Beharren, »The Blossom« sei aus einer unkomplizierten kindlichen Perspektive heraus geschrieben.

Rita und Blake

In der ersten Szene hatte Rita die sexuelle Doppeldeutigkeit des religiös verbrämten Aktgemäldes in Franks Büro intuitiv durchschaut. Die gerade auch in sexueller Hinsicht erkennbare Mehrdeutigkeit von Blakes Gedichten kann sie in II,3 dagegen literaturwissenschaftlich fundiert begründen.

»The Blossom« wie auch »The Sick Rose«, das Rita in II,1 für das Theaterpublikum rezitiert, kommentieren die Beziehung der beiden Protagonisten. In »The Blossom« scheinen Annäherung und Vereinigung möglich, werden geträumt und gelebt. Auch deshalb beharrt Frank auf seiner ›einfachen‹ Interpretation dieses Gedichts und will sich auf eine Debatte über dessen Mehrdeutigkeit nicht

symbolische Dichtersprache: **poetical language which employs symbolical references**
Mehrdeutigkeit: **ambiguity**
Annäherung: **convergence**
Vereinigung: **union**

einlassen. Durch »The Sick Rose«, wo die Vereinigung zwar erfolgt, aber der Wurm die Rose zerstört, wird die glückliche Beziehung jedoch als Illusion entlarvt. Sie ist nicht zukunftsgewandt, sondern tödlich.

Vor dem Hintergrund der Gedichte Blakes präsentiert sich der Schluss von *Educating Rita* komplexer als es zunächst den Anschein hat. Denn Frank war für Ritas Suche nach sich selbst eine weitaus größere Bedrohung als Denny. Dieser wollte ihre sexuelle Verfügbarkeit. Frank dagegen wollte ihr Bewusstsein kontrollieren, was in letzter Konsequenz bedeuten würde, dass er sie gegen Julia eintauscht, für die er wenig Achtung zeigt.

Komplexer Schluss

Deshalb ist es schlüssig, dass Frank bestraft wird. Seine »Verbannung« nach Australien verweist darauf, dass dieser entlegene Kontinent in die Geschichte Großbritanniens als Strafkolonie eingegangen ist und mit all denen besiedelt wurde, die in der Heimat aufgrund ihrer Vergehen nicht länger erwünscht waren. Vordergründig wird Frank wegen seines in der Universität nicht länger zu verheimlichenden Alkoholismus strafversetzt. Doch lässt Russell auch keinen Zweifel daran, dass Frank mit seiner Verbannung nach Australien ebenfalls dafür büßen muss, dass er Rita sich unterwerfen wollte.

Franks Strafe: zwei Dimensionen

Rita hat diesem Druck widerstanden. Hierin, und nicht in der literaturwissenschaftlichen Kompetenz, die sie mit Franks Hilfe erworben hat, liegt ihre eigentliche Emanzi-

Ritas eigentliche Emanzipation

sexuelle Verfügbarkeit: **sexual availability**
Strafkolonie: **penal colony**

pation. Durch die Begegnung mit Frank hat sie endgültig gelernt, dass sie für sich selbst entscheiden kann. Darüber lässt sie Frank bei ihrem letzten Zusammentreffen auch nicht in Zweifel.

Dies relativiert den symbolischen Wert des Haarschnitts, den Rita in der letzten Szene Frank schenkt. Wie sie darlegt, will sie ihm für alles, was er ihr in ihrem Streben nach Emanzipation vermittelt hat, »zehn (Lebens)jahre zurückgeben«. Das erklärt die publikumswirksame und versöhnliche Schlussszene, jenseits welcher aber allzu leicht vergessen wird, dass Frank damit nicht wirklich verändert wird. Rita stutzt ihn bildlich und handgreiflich zurecht, aber der vorausgehende Dialog über E.M. Forster und »Foster's Lager« lässt kaum Zweifel daran, dass Frank sich in Australien nicht mehr – wie Rita – neu erfinden kann und wird.

Franks Grenzen

Educating Rita ist eine Tragikomödie über Aufstieg und Abstieg, innerhalb der es Russell gelungen ist, die Sympathie des Publikums für beide Protagonisten zu gewinnen.

In den bislang vorliegenden Interpretationen (vgl. Kapitel 9) steht Ritas Emanzipation und Aufstieg im Vordergrund. Demgegenüber bedarf Franks tragikomisches Scheitern noch einer differenzierten Auseinandersetzung.

6. Autor und Zeit

Kein anderes Stück Willy Russells hat so deutliche autobiographische Bezüge wie *Educating Rita*. Auch dies hat der realistischen Interpretation des Textes als »slice of life« (vgl. Kapitel 2 und 5) Vorschub geleistet.

1947 wurde Willy (William Martin) Russell in Whiston bei Liverpool geboren. Von seinen Eltern – der Vater war Fabrikarbeiter, die Mutter in einem Warenhaus beschäftigt – erhielt Russell kaum geistige Anregungen. Nach eigener Aussage war er ein nur unterdurchschnittlicher Schüler; mit 15 Jahren verließ er die Schule. Nachdem er bei einem Einstellungstest für Druckerlehrlinge durchgefallen war, ließ sich Russell auf Anraten seiner Mutter zum Damenfriseur ausbilden. Diesen Beruf übte er sechs Jahre aus und brachte es sogar zu einem kleinen Friseursalon.

Wie Rita war er jedoch mit seinem Lebensentwurf nicht zufrieden. Mit 20 holte Russell die für die Zulassung zur Universität notwendigen Qualifikationen nach und schloss erfolgreich eine Lehrerausbildung ab. Von seiner Tätigkeit als Lehrer erhoffte sich Russell genügend freie Zeit, um auch schreiben zu können. Für seine Berufswahl waren jedoch nicht nur pragmatische Überlegungen ausschlaggebend. Erziehung sei, wie Russell 1992 in einem Interview erklärte, eine »Leidenschaft«, und dies er-

Erziehung als »Leidenschaft«

unterdurchschnittlich: **below the average**
Einstellungstest: **recruitment test**
Druckerlehrling: **apprentice to a printer**
Lehrerausbildung: **teacher training**

klärt auch seine noch immer andauernde Zusammenarbeit mit *Scene*, dem Schulfernsehen der BBC.

Seit **1971** begann Russell für das Theater und für das Fernsehen zu schreiben. Mit *Blind Scouse*, drei Kurzstücken über das Leben in Liverpool, die beim Edinburgh Festival »Fringe« **1972** gezeigt wurden, machte Russell erstmals auf sich aufmerksam. Den Durchbruch auch als kommerziell erfolgreicher Dramatiker erzielte Russell **1974** mit der Musical-Biographie der Beatles, *John, Paul, George, Ringo ... and Bert*, die nach der Premiere in Liverpool für ein Jahr im Lyric Theatre in London gezeigt und mit zwei Kritikerpreisen (des Evening Standard und mit dem London's Critic's Award) als bestes Musical des Jahres 1974 ausgezeichnet wurde.

1975 wurde *Breezeblock Park* in Liverpool uraufgeführt. Diese Komödie über eine Familie, deren lange verdeckte Konflikte an einem Weihnachtsabend ausbrechen, lief in einer Neuinszenierung 1977 erfolgreich auch in London. International wurde Russell durch *Educating Rita* bekannt, wozu auch die Oscar-nominierte Verfilmung (vgl. Kapitel 7) entscheidend beitrug. Angesichts des Publikumserfolgs von Drama und Film verlieh die »Open University« **1983** Russell den akademischen Grad eines Magister Artium (M. A.) ehrenhalber.

Internationale Bekanntheit

In diesem Jahr fand auch die Premiere von *Blood Brothers* statt, für das Russell erneut die Form des Musicals wählte. *Blood Brothers*, zu dem Russell auch die Musik komponierte, erzählt die Geschichte von Zwillingsbrüdern, die nach

Schulfernsehen: **educational TV**
Kurzstück: **short play**
Magister Artium (M. A.) ehrenhalber: **honorary M. A.**

Willy Russell
Foto: Paul Cox

der Geburt getrennt wurden und in gegensätzlichen sozialen Verhältnissen aufwachsen. Ihre Wiederbegegnung und die Aufdeckung ihrer gemeinsamen Geschichte endet tragisch. Auch *Blood Brothers* ist ein intertextuelles Werk, das auf Dion Boucicaults *The Corsican Brothers* von 1852 zurückverweist, welches wiederum auf einem französischen Melodrama aufbaut. 2006 wurde *Blood Brothers* mit großem Erfolg in Liverpool erneut inszeniert.

1986 erzielte Russell einen weiteren Bühnenerfolg mit *Shirley Valentine*, dem zweieinhalbstündigen Monolog einer Frau in den Vierzigern, die mit ihrem unerfüllten Leben abrechnet und dann wie Rita die Kraft für einen neuen Anfang findet. Auch an diesem Stück hat die Kritik intertextuelle Bezüge, etwa zu den Frauenfiguren Henrik Ibsens und Thornton Wilders hervorgehoben. Ebenso wie *Educating Rita* wurde auch *Shirley Valentine* mit Pauline Collins in der Rolle der Shirley verfilmt (1989) und mit mehreren Preisen ausgezeichnet.

Akademische Auszeichnungen

Zu den Theaterpreisen kamen weitere akademische Auszeichnungen. **1992** wurde Russell von der Universität Liverpool zum Ehrendoktor der Literaturwissenschaft ernannt, und seit **1995** ist er Fellow (Universitätslehrer mit Professorenstatus) der John Moores University, die aus dem ehemaligen Liverpool Polytechnic hervorgegangen ist.

Romanautor

Auch als Romanautor war Willy Russell inzwischen erfolgreich. In *Wrong Boy* (2000) erzählt er die ebenfalls intertextuell zu lesen-

Romanautor: **novelist**

de Initiationsgeschichte des Teenagers Raymond Marks. Der Roman wurde in 15 Sprachen übersetzt.

In den letzten Jahren ist Russell nicht mehr als Dramatiker hervorgetreten, sondern vor allem als Musiker, wie etwa mit dem Album *Hoovering the Moon* (2004). Dennoch ist sein Interesse am Drama nicht erloschen. Gemeinsam mit seinem Freund Tim Firth hat er 2004 den »W. R. Foundation Award« mit dem Ziel gestiftet, neue, beim Edinburgh Festival »Fringe« entdeckte Talente zu fördern.

Als *Educating Rita* 1980 auf die Bühne kam, hatte sich, was allerdings damals noch nicht vorhersehbar war, ein für Großbritannien einschneidender Wandel bereits vollzogen. In den Parlamentswahlen von 1979 war es, auch für die eigene konservative Partei unerwartet, Margaret Thatcher gelungen, den Labour-Premier James Callaghan zu schlagen. Bis 1990 sollte die »Eiserne Lady« die britische Politik bestimmen.

Bildungspolitik nach 1945

Innenpolitisch bedeutete der Wahlsieg Thatchers eine radikale Absage an die Politik des Wohlfahrtsstaates, die seit dem Ende des Zweiten Weltkriegs für die Labour-Regierungen Vorrang gehabt hatte. Davon blieb auch die Bildungspolitik nicht unberührt. Schon als Kultusministerin unter Edward Heath hatte Margaret Thatcher die kostenlose Schulmilch in den Grundschulen abgeschafft,

Initiationsgeschichte: **initiation story**
einschneidender Wandel: **decisive change**
Wohlfahrtsstaat: **welfare state**
Bildungspolitik: **education policy**
Grundschule: **primary school**

und die besondere schulische Förderung und Weiterbildung von sozial benachteiligten Jugendlichen zählte nicht zu den Prioritäten der von ihr geführten Regierungen.

Was den Bereich der Bildung betrifft, ist Großbritannien auch heute noch eine Klassengesellschaft. Absolventen der Elite-Universitäten Oxford und Cambrige, wo das Studium allerdings erhebliche finanzielle Aufwendungen erfordert, haben auch im 21. Jahrhundert beim Berufseinstieg noch immer weitaus bessere Möglichkeiten als durch ausgezeichnete Abschlüsse ausgewiesene Studierende aller anderen britischen Universitäten. Seit Clement Attlee in den Wahlen von 1945 den Kriegspremier Winston Churchill abgelöst hatte, war es Ziel der nachfolgenden Premierminister der Labour Party gewesen, das Bildungsgefälle zwischen Oberschicht, Mittelschicht und Unterschicht zu nivellieren. Die Gründung der »Open University«, deren Geschichte bis in die sechziger Jahre und in die Amtszeit Harold Wilsons zurückreicht, war mit Blick auf dieses Ziel ein entscheidender Schritt. Seit 1971 bildet die »Open University« Studierende aus, deren Schulabschluss sie zunächst nicht für ein Studium qualifiziert hatte. Zur Zeit hat die »Open University« ca. 180 000 eingeschriebene Kursteilnehmer, was allerdings nur möglich wurde, weil man inzwischen auch »online« studieren kann.

Die »Open University«

Als Russell *Educating Rita* schrieb, war diese Expansion nicht vorhersehbar. Zu den Anfängen der »Open University« gehörte nicht die mediale Betreuung über das Inter-

Klassengesellschaft: **class society**
Berufseinstieg: **beginning of a professional career**
Bildungsgefälle: **educational gap**

net, sondern die persönliche Förderung durch einen Tutor. Welche Konflikte sich daraus ergeben können, zeigt Russells Stück.

Educating Rita ist ein Bekenntnis zu dem von der Labour Party propagierten Ideal, dass Bildung für alle – auch die zunächst Ausgegrenzten – möglich ist und dass es nie zu spät ist, sich neuen Herausforderungen zu stellen, um sich damit auch neue Möglichkeiten der Selbstverwirklichung zu erschließen. Mit seiner eigenen Biographie hat Russell diese in *Educating Rita* wie auch in den genannten anderen Stücken und in *Wrong Boy* formulierte Botschaft deutlich untermauert.

die Ausgegrenzten: **the excluded ones**

7. Rezeption

Die wirtschaftliche Situation Großbritanniens in den siebziger Jahren gab keinen Anlass für Optimismus. Streiks und Massenentlassungen, der Zusammenbruch traditioneller Industriezweige wie Kohle- und Stahlproduktion sowie der Verfall des Wechselkurses, der es nicht nur der Arbeiterklasse immer schwieriger machte, den Jahresurlaub außer Landes zu verbringen, weckten bei vielen Briten Zukunftsangst. Vor diesem Hintergrund konnte ein Stück, das wie *Educating Rita* Vertrauen in die eigene Zukunft weckt, von vornherein mit einer wohlwollenden Aufnahme rechnen.

Rückblickend erscheint Russells Drama wie ein Bindeglied zwischen den bildungspolitischen Idealen der Labour-Regierungen und Margaret Thatchers damals als provozierend empfundener These, nicht vom Staat, sondern allein von jedem Einzelnen hänge es ab, was im Leben erreicht werden kann.

Für die Uraufführung von *Educating Rita* wählte die Royal Shakespeare Company das Donmar Warehouse, ein ehemaliges Lagerhaus im Zentrum des Londoner Theaterviertels um Covent Garden. 1961 hatte es der Theatermanager Donald Albery gekauft und zu einer Probebühne für das London Festival Ballet umgebaut, ein Tanztheater, das er mit der berühmten Ballerina Margot Fonteyn gegründet

Massenentlassung: **mass redundancy**
Zukunftsangst: **fear of the future**
Bindeglied: **link**
Tanztheater: **ballet company**

hatte. »Donmar« ist eine Kombination der beiden Vornamen DONald und MARgaret.

Bereits die Uraufführungskritiken von *Educating Rita* waren überschwenglich. Angesichts der Nachfrage des Publikums wurde Russells Stück aus dem Repertoire, d.h. dem abendlich wechselnden Angebot der Royal Shakespeare Company, ausgegliedert und im Picadilly Theatre als *long-run*-Produktion (sechs Abendvorstellungen sowie eine Matinee pro Woche) gezeigt. Die Wahl des 1928 erbauten Picadilly Theatre war eine strategische Entscheidung, denn im Bewusstsein des Londoner Publikums hat das Picadilly Theatre einen festen Platz als Spielstätte von Komödien und Musicals.

Überschwengliche Kritiken

Russell wurde aufgrund dieses Transfers zum auch kommerziell erfolgreichsten Dramatiker des Jahres 1980, und *Educating Rita* erhielt nicht zuletzt deshalb den »West End Theatre's Award« für die erfolgreichste Komödie der Spielzeit. Allerdings erscheint auch noch im Rückblick diese Auszeichnung zweischneidig, so willkommen sie seinerzeit aus wirtschaftlichen Überlegungen auch gewesen sein mag. Die kommerziellen Theater des Londoner West End waren und sind nicht für ihr sozialkritisches Engagement bekannt. Sie richten ihre Spielpläne an jenen Besuchern aus, die vor allem einen entspannten Theaterabend erleben möchten, »a good night out«, möglichst unbelastet von der Auseinandersetzung mit sozialen und existentiellen Konflikten. Die Auszeichnung mit dem »West

Großer kommerzieller Erfolg

Uraufführungskritik: **review of the first performance of a play**
zweischneidig: **double-edged**

End Theatre's Award« ordnet *Educating Rita* deshalb einem widersprüchlichen Kontext zu, denn vordergründige, wenn nicht sogar seichte Unterhaltung, die sich allein in Wortwitz erschöpft, wollte Russell gerade nicht bieten.

Dramengeschichtliche Einflüsse

In den Darstellungskonventionen ist Russell der Restaurationskomödie, George Bernard Shaw sowie auch Noel Coward oder Terence Rattigan verpflichtet, deren Gesellschaftskomödien bis zur Mitte des 20. Jahrhunderts für die Mehrheit des britischen Theaterpublikums Maßstäbe setzten. Ebenso wie Shaw will Russell sein Publikum jedoch nicht nur unterhalten. Auch für ihn ist das Theater ein Medium der Aufklärung, und die Darstellungskonventionen der Komödie wie des Musicals (*Blood Brothers*) sind ihm Mittel und Zweck, um dem Publikum die Augen für gesellschaftliche Anliegen und Probleme zu öffnen.

Bis 1956 war das sozialkritisch engagierte britische Theater überwiegend auf die Darstellung von Identitätskonflikten innerhalb der »upper middle class«, der gehobenen britischen Mittelschicht fokussiert. Es gab zwar Ausnahmen, aber diese Stücke erreichten die Londoner Bühnen entweder erst gar nicht oder wurden dort vom breiten Publikum nicht angenommen. Mit *Look Back in Anger*, einer Produktion der für das britische sozialkritische Drama auch heute noch richtungsweisenden English Stage Company, gelang es John Osborne jedoch 1956, dem britischen Publikum die Exis-

widersprüchlich (Adj.): **contradictory**
seicht: **shallow**
Restaurationskomödie: **Restoration Comedy**
Gesellschaftskomödie: **well-made comedy**
Mittel und Zweck: **ways and means**

tenz- und Identitätsprobleme von damals noch nicht multikulturell definierten Randgruppen nahezubringen. Jimmy Porter, der zentrale Protagonist Osbornes in *Look Back in Anger*, ist ein Universitätsabsolvent, der sich als Betreiber eines Süßwarenstands mehr schlecht als recht durchs Leben schlägt, und er scheitert an dem Versuch, seinen Platz in der Nachkriegsgesellschaft zu finden.

In John Ardens *Live Like Pigs* (1958) wird die Unvereinbarkeit von Lebensentwürfen der Unterschicht und der Mittelklasse thematisiert, und in Arnold Weskers *Roots* (1959) kann sich die einer Landarbeiterfamilie entstammende Beatie Bryant bis zur letzten Szene aus der intellektuellen Dominanz ihres Freundes Ronnie Kahn nicht befreien. Doch nachdem Ronnie sich von ihr getrennt hat, vermag Beatie Bryant ihre eigene Sprache zu finden. Wesker setzt der Skepsis Osbornes und Ardens Beatie Bryants Vertrauen in ihre Zukunft entgegen, und deshalb war *Roots* 1959 beim Publikum und der Kritik nicht weniger erfolgreich als *Educating Rita* zwei Jahrzehnte später.

Rita ist von ihren Voraussetzungen Beatie Bryant durchaus vergleichbar. Auch sie lebt in einem Umfeld, das für intellektuelle Bedürfnisse nicht aufgeschlossen ist. Aber während Beaties Emanzipation von Wesker in der Schlussszene von *Roots* nur als zukünftig möglicher, selbstbestimmter Lebensentwurf angedeutet wird, zeigt Russell im zweiten

Randgruppe: **fringe group**
Süßwarenstand: **sweet stall**
Nachkriegsgesellschaft: **post-war society**
Unvereinbarkeit: **incompatibility**
Landarbeiter: **agricultural worker**
intellektuelle Dominanz: **intellectual dominance**

Akt von *Educating Rita* ausführlich und für das Publikum schlüssig, welche Entwicklungsschritte seine Protagonistin seit Beginn ihres Studiums trotz aller Niederlagen erfolgreich durchlaufen hat.

Von Kritikern empfohlen

Ausweislich der Rezensionen der Uraufführungen wurden *Educating Rita* wie auch das nachfolgende *Blood Brothers* vor allem von den Theaterkritikern der politisch eher links festgelegten Zeitungen dem Publikum nachdrücklich als sehenswert empfohlen. Beide Stücke unterstreichen die These, dass nicht eine genetische Veranlagung, eine von der Natur vorgegebene Begabung, sondern vor allem die sozialen Bedingungen, unter denen ein junger Mensch heranwächst, zukunftsentscheidend sind.

Die Reaktionen der Kritiker verweisen auf Russells Vorlage zurück. Am Schluss von *Pygmalion* hat Eliza Doolittle zwar den Blumenladen, den sie sich als sozialen Aufstieg wünschte. Hinsichtlich ihrer Entwicklung als Persönlichkeit war die Begegnung mit Higgins jedoch nicht befreiend. Rita dagegen ist, was auch die Kritik vermerkt hat, über ihre Vorläuferinnen Eliza Doolittle und Beatie Bryant durch ihre gegen Frank erkämpfte und gegen ihn getroffene Entscheidung für ein selbstbestimmtes Leben hinausgewachsen.

Verfilmung

Zum internationalen Erfolg von *Educating Rita* trug auch die Verfilmung mit Michael Caine als Frank und Julie Walters, die Rita schon in der Uraufführung gespielt hatte, entscheidend bei (1983). Russell schrieb das Drehbuch für den Regisseur Lewis Gilbert, und die Filmversion wurde 1984 mit dem

genetische Veranlagung: **genetic predisposition**

BAFTA-Award für Michael Caine, Julie Walters und die Nebendarsteller ausgezeichnet. Im gleichen Jahr erhielten auch Michael Caine und Julie Walters jeweils einen Golden Globe für ihre darstellerische Leistung. Hinzu kamen drei Oscar-Nominierungen (»Best Actor«, »Best Actress«, »Best Screenplay«).

Allerdings hat Russell in seinem Drehbuch das Drama nachhaltig verändert. In der Filmversion gewinnen die im Dialog zwischen Rita und Frank nur benannten Partner und Freunde körperliche Gestalt und werden in Nebenhandlungen Teil des von Rita und Frank ausgetragenen Beziehungskonflikts, der damit in den Vordergrund rückt.

Die Verfilmung von *Educating Rita* unterstreicht den realistischen Anspruch des Dargestellten auf Kosten der in der Interpretation aufgezeigten intertextuellen Bezüge. Denn aus dem Drehbuch ist offensichtlich, dass Russell mit den Änderungen gegenüber der Dramenfassung den Erwartungen eines nunmehr internationalen Publikums gerecht zu werden suchte, das vielleicht auch nur deshalb ins Kino ging, weil es Stars wie Michael Caine oder Julie Walters sehen wollte. Beim Kinopublikum setzt Russell weder die Kenntnis der Geschichte Pygmalions noch eine Vertrautheit mit Shaw oder all den anderen angeführten, Franks und Ritas Beziehung strukturierenden Texten voraus.

körperliche Gestalt: **corporeal reality**
Nebenhandlung: **sub-plot**
intertextuelle Bezüge: **intertextual references**
Vertrautheit: **familiarity**

8. Checklist: Revision for Term Papers & Finals

1./2. The Contents

1.1. Write a summary of the play in about 400 words.

1.2. Compare the introductory scenes of Act I and Act II.

2.1. Analyze the scene which you believe to be the climax (turning point) of the play.

2.2. Discuss the parallels as well as the differences between Act I,1 and Act II,7.

3. The Characters

3.1. Describe the dramatic conflict from the point of view of Rita.

3.2. The same, but now from the point of view of Frank.

3.3. Discuss the importance of the minor parts (Nebenrollen) in *Educating Rita*. What is their relevance to an understanding of the central characters?

3.4. Compare either Rita's or Frank's role in the play with their part in the filmed version of *Educating Rita*.

4. The Structure of the Play

4.1. Discuss whether *Educating Rita* really is a »realistic« drama. Use Internet resources to define the term »realistic drama«.

4.2. Research the critical term »intertexuality« and give

an example (e.g. Rita Mae Brown, E.M. Forster, William Blake) of how Russell employs intertextuality. Again, use the Internet for your research (e.g. »Wikipedia«).

3.3. Discuss the patterns of »fall« and »rise« in *Educating Rita.*

4.4. How do »slang« and dialect define the characters in *Educating Rita*?

5. Interpretation

5.1. What does education mean to Rita – and what does it mean to Frank? Analyze their arguments.

5.2. Why does Rita sexualize titles such as Forster's *Howards End* or Maugham's *Human Bondage* as well as the painting in Frank's room? Is it (the clue lies in the poems by Blake) her experience or her innocence?

5.3. Is Rita credible as a hairdresser who strives for emancipation by studying literature? Or is she a cliché?

5.4. Why does Frank insist on Rita's learning the academic ways of interpreting a text, and why is he at the same time sceptical about his teaching?

5.5. Compare Frank and George Bernard Shaw's Professor Higgins.

5.6. Why is there no *happy* but only a *friendly ending* for Frank and Rita?

6. The Author in His Time

6.1. Discuss to what extent *Educating Rita* thematizes class differences.

6.2. In how far does *Educating Rita* support or challenge political concepts of education in Britain? (For this subject you will have to check the homepages of both the Labour Party and the Conservative Party. Both provide extensive information).

6.3. Does an autobiographical reading, with a focus on Willy Russell's career, explain the argument of *Educating Rita*?

7. The Reception of *Educating Rita*

By using the Internet, compare the reactions of readers/ viewers to both the play and its filmed version.

8. Creative Writing

8.1. Try to imagine Rita/Susan White ten years after the separation from Frank. Who will she be at 36? Where will she be?

8.2. What are Frank's chances to become a committed writer again? Is it, against the background of *Educating Rita*, likely that he will overcome his addiction?

8.3. What will be the future of Julia, Denny and Trish? Will they be capable of living new relationships, or are they just shoved off to an uncertain fate? For this, compare the play to its filmed version.

9. Lektüretipps/Filmempfehlung

Die bei den Büchern und Aufsätzen zusätzlich in spitzen Klammern angeführten Internet-Adressen verweisen auf Zusammenfassungen.

Textausgaben

Russell, Willy: Educating Rita. With a Personal Essay. Hrsg. von Richard Adams. Harlow: Longman, 1985. (Longman Study Texts.)

– Educating Rita. Hrsg. von Bernhard Reitz. Stuttgart: Reclam, 1997 [u. ö.] (Universal-Bibliothek. 9040.) – *Nach dieser Ausgabe wird zitiert.*

Sekundärliteratur

Bates, M. Jo / Susan Norton: Educating Rita: An Examination of the Female Life Course and Its Influence on Women's Participation in Higher Education. 2002: *http://www.nova.edu/~aed/horizons/volume16no3.pdf*

Bauer, Dale M: Indecent Proposals: Teachers in the Movies. In: College English 60 (1998) S. 301–317.

Benn, Roseanne / Jane Elliott (Hrsg.): Educating Rita and Her Sisters: Women and Continuing Education. Leicester 1998.

Buckroyd, Peter: British Drama 1975–1985. In: Rocky Mountain Review of Language and Literature (1986) S. 49–66.

Call Sheet: Educating Rita – We take a look at this highly-regarded comedy drama, starring Julie Walters and Michael Caine, with the help of its writer Willy Russell. In: *Film Review 2000*. S. 76–81.

Chandler, Joan M.: Education Equals Change. In: Anthropology & Education Quarterly (1984) S. 176–178.

Craik, Jennifer: The Road to Cultural Studies. In: Cultural Studies 1,1 (1987) S. 121–126.

Cranny-Francis, Anne / J. R. Martin: In/visible Education: Class, Gender and Pedagogy in *Educating Rita* and *Dead Poets Society*. In: Interpretations: Journal of the English Teachers Association of W. A. 27,1 (1994) S. 28–57.

David, Miriam: Home-School Relations or Families, Parents and Education: Review. In: British Journal of Sociology of Education 19 (1998) S. 255–261.

Edgar, David: Views Across Borders. In: New Theatre Quarterly 18,4 (2002) S. 304–306.

Edwards, Rosalind: Mature Women Students. London 1993.

Frow, John: Text, Culture, Rhetoric: Some Futures for English. In: Critical Quarterly 43,1 (2001) S. 5–18.

Hayes, Elizabeth / Daniele D. Flannery: Women as Learners: The Significance of Gender in Adult Learning. San Francisco 2000.
http://edrev.asu.edu/reviews/rev108.htm

Innes, Christopher: Modern British Drama: The Twentieth Century. Cambridge 2002.

Kennell, Vicki R.: Pygmalion as Narrative Bridge Between the Centuries. In: SHAW. The Annual of Bernard Shaw Studies 25 (2005) S. 73–81.

Kugler-Euerle, Gabriele: Educating Eliza, Rita and Frank! Rezeptionsorientierte Vorschläge zur Behandlung von

Bernard Shaws *Pygmalion* und Willy Russells *Educating Rita* im Englischunterricht der Sekundarstufe II. In: Fremdsprachenunterricht 41 (50) (1997) S. 91–98.

Kustow, Michael: Small Audience, Big Picture. In: New Theatre Quarterly 18,4 (2002) S. 300–304.

Lawler, Steph: ›Getting out and Getting Away‹: Women's Narratives of Class Mobility. In: Feminist Review 63 (1999) S. 3–24.

Leicester, Mal: Two Decades of Feminist Thought – and Beyond. In: International Journal of Lifelong Education 20,1–2 (2001) S. 55–62.

Mackie, Ardiss: Popular Identities: Perpetuating Myths, Providing Possibilities. In: Pedagogy, Culture and Society 9,2 (2001) S. 289–296.

Meyer-Dinkgräfe, Daniel: The Professions in Contemporary Drama. Bristol 2003.

Mitchell, Adrian: Preaching the Enjoyable Revolution. In: New Theatre Quarterly 18,4 (2002) S. 299–300.

Page, Judy Lynn: The Relative Autonomy of Reading Practices by Critical, Cultural and Social Formations. An Ethnographic and Textual Analysis of Re-entry Women Students' Interpretations of *Educating Rita*. Mikrofiche-Ausg. Ann Arbor, Mich. 1992. – *Auch erschienen als:* Diss. Urbana, Univ. of Illinois at Urbana-Champaign, 1992.

Rothblatt, Sheldon: Supply and Demand: The »Two Histories« of English Education. Review. In: History of Education Quarterly 27 (1988) S. 627–644.

Russell, Willy: Where there's a Will: Playwright Willy Russell talks about his new role as a novelist. In: The Bookseller 2000, 4931 (2000) S. 26–28.

Shattock, Michael: British Higher Education under Pressure: Politics, Budgets and Demography and the Acceleration of Ideas for Change. In: European Journal of Education 19 (1984) S. 201–216.

Soliday, Mary: Translating Self and Difference through Literacy Narratives. In: College English 56 (1994) S. 511–526.

Zaniello, Tom: Working Stiffs, Union Maids, Reds, and Riffraff: An Organized Guide to Films about Labor. Ithaca 1996.

Verfilmung

Educating Rita (GB 1983). Regie: Lewis Gilbert. Hauptdarsteller: Michael Caine, Julie Walters.